 使いやすい！教えやすい！家庭学習に最適の問題集！

横浜国立大学　部附属
鎌倉小学校

2022 年度版

過去・対策問題集

<問題集の効果的な使い方>

①お子さまの学習を始める前に、まずは保護者の方が「入試問題」の傾向や難しさを確認・把握します。その際、すべての「学習のポイント」にも目を通しましょう。

②入試に必要なさまざまな分野学習を先に行い、基礎学力を養ってください。

③学力の定着が窺えたら「過去問題」にチャレンジ！

④お子さまの得意・苦手が分かったら、さらに分野学習をすすめレベルアップを図りましょう！

必ずおさえたい問題集

横浜国立大学教育学部附属鎌倉小学校

お話の記憶	お話の記憶 中級編
お話の記憶	1話5分の読み聞かせお話集①
常識	Jr・ウォッチャー56「マナーとルール」
口頭試問	新口頭試問・個別テスト問題集
運動	新運動テスト問題集

全30問

2014～2021年度
過去問題を
掲載
＋
各問題に
アドバイス付!!

日本学習図書（ニチガク）

ニチガク式学習支援!!　　　　日本学習図書（ニチガク）

ニチガクの家庭学習支援

Web学習サポートサービス

こんなこと…ありませんか？

「ニチガクの問題集…買ったはいいけど、、、
この問題の教え方がわからない（汗）」

メールでお悩み解決します！

☆ ホームページ内の専用フォームで必要事項を入力！
☆ 教え方に困っているニチガクの問題を教えてください！
☆ 確認終了後、具体的な指導方法をメールでご返信！
☆ 全国どこでも！スマホでも！ぜひご活用ください！

<質問回答例>

学習のポイント

推理分野の学習では、後の学習に活きる思考力を養うことができます。ご家庭で指導する場合にも、テクニックにたよらず、保護者の方が先に基本的な考え方を理解した上で、お子さまによく考えさせることを大切にして指導してください。

Q.「お子さまによく考えさせることを大切にして指導してください」と学習のポイントにありますが、考える習慣をつけさせるためには、具体的にどのようにしたらいいですか？

A.お子さまが考える時間を持てるように、質問の仕方と、タイミングに工夫をしてみてください。
たとえば、「答えはあっているけど、どうやってその答えを見つけたの」「答えは○○なんだけど、どうしてだと思う？」という感じです。はじめのうちは、「必ず 30 秒考えてから手を動かす」などのルールを決める方法もおすすめです。

まずは、ホームページへアクセスしてください!!

http://www.nichigaku.jp　日本学習図書　検索

目指せ！合格！

家庭学習ガイド
横浜国立大学教育学部附属鎌倉小学校

運　動　個別テスト

入試情報

応 募 者 数：非公表
出 題 形 態：ノンペーパー
面　　　 接：なし
出 題 領 域：個別テスト（記憶、常識）、運動

入試対策

2021年度の第１次考査は例年通り２日間にわたって行われ、１日目に運動テスト、２日目に個別テストが実施されました。１日目の運動テストは、年齢相応の運動能力があれば対応できる基礎レベルのものです。内容は数年ほぼ変化なく出題されています。２日目の個別テストも例年と同じ内容で、お話の記憶を中心に出題されました。特徴はお話の記憶が紙芝居形式で出題されることですが、特別な対策は要りません。１度経験しておけば、慌てることはないでしょう。ただし、こういった試験ではどの志願者も万全の準備をして臨みますから、平均点が高くなるものです。ケアレスミスに気を付けて、確実に解くようにしましょう。なお、第１次考査の合格者に対しては、第２次考査として抽選が行われています。

- 運動テストは、例年長い時間をかけて行われることから、行動観察のような意味合いもあることがうかがえます。待機中の態度も観られていると考えてよいでしょう。
- お話の記憶は口頭試問形式で行われます。答えを言ったり、指でさし示したりと、さまざまな方法で答えさせる設問が用意されています。
- 個別に行われる口頭試問で聞かれる内容は、単純なものです。受け答えをしっかりとできていれば、特に問題はないでしょう。

※各「力」の詳しい学習方法などは、ホームページに掲載してありますのでご覧ください。http://www.nichigaku.jp

「横浜国立大学教育学部附属鎌倉小学校」について

〈合格のためのアドバイス〉

当校の試験の特徴として、長時間にわたって運動テストが行われることと、個別テストでは紙芝居形式でお話が読み上げられ、そのお話にそってさまざまな質問がされることが挙げられます。運動テストでは、平均台渡り、ケンパー、障害物をよけて走るなど、年齢相応であれば基礎レベルといえる運動が例年出題されています。長い時間をかけて行われることから、学校側は体力や運動能力だけでなく、受験者のさまざまな資質もじっくり観ていると考えられます。例えば、ほかの受験者が課題をこなしている間、静かに待機できているかどうかという態度や姿勢のことです。

当校では例年ペーパーテストを行わず、お話の記憶を中心とした出題を口頭試問形式で行います。お話の途中や聞いた後にお話の内容についてや主人公の立場になって、その場にふさわしい言葉を考えさせる設問が頻出しています。お話や指示を聞き取るだけでなく、自分の考えを相手にしっかりと伝える練習もしておきましょう。お話の記憶の問題だけではなく、個人面接のように志願者本人のことも聞かれます。名前や幼稚園で何をして遊ぶのかなど、ごく簡単なことをたずねられます。その際に、先生ときちんと顔を合わせ、ていねいな言葉で受け答えができるようにしておきましょう。

入試全体として、特に難しい出題は見られないため、平均点が高く、差がつきにくいと考えられます。

〈2021年度選考〉

〈第１次〉

●運動
●お話の記憶（個別テスト）
●口頭試問

〈第２次〉

●抽選

◇過去の応募状況

非公表

〈本書掲載分以外の過去問題〉

◆記憶：ウサギのピョンちゃんが迷子になりイヌのお巡りさんに助けてもらう話。
　紙芝居＋口頭試問形式。［2012年度］
◆記憶：ウサギのピョンちゃんとピョン太君が公園で遊ぶ話。
　紙芝居＋口頭試問形式。［2010年度］
◆数量：絵の中のヒマワリの葉っぱの枚数を数える。口頭試問形式。［2011年度］
◆行動観察：ボウリング。倒したピンの本数を聞かれる。［2010年度］
◆間違い探し：２枚の絵を見比べ、違う点を口頭で答える。［2010年度］
◆常識：先生が言うものを絵の中から探して指でさし示す。［2010年度］

(得) 先輩ママたちの声！

◆実際に受験をされた方からのアドバイスです。
ぜひ参考になさってください。

横浜国立大学教育学部附属鎌倉小学校

・私立小学校と併願で受けに来られる方も多かったようです。しっかり準備をしてくる子たちがライバルとなりますので、こちらもそれなりに準備をしておかないと、1次突破は難しいかもしれません。

・しっかりと対策をとって臨みましたが、2次の抽選の会場には、「準備は何もしなかった」というお母さまもいらっしゃいました。日頃の躾をしっかりしておくことも、大切なのだと思いました。

・毎年似たような問題が出されているようなので、過去問で練習しておくとよいと思います。

・朝、控室に子どもを残し、保護者は体育館へ移動します。その時に泣いてしまう子も何人かいました。ふだんから、親と離れて活動をすることに、ある程度慣らしておくとよいと思いました。

・保護者待機場所の体育館は寒かったので、ひざ掛けやマフラーなどの防寒対策は必須です。

・試験中の服装はあまりこだわっていない様子でした。子どものシャツが出てしまっていたが、合格をいただきました。

・しっかりとあいさつすることを心掛けました。電車やバスなど交通機関を利用した時など、「おねがいします」「ありがとうございます」を言うことで身に付けさせました。

横浜国立大学教育学部附属鎌倉小学校
過去・対策問題集

〈はじめに〉

現在、少子化が叫ばれているにもかかわらず、私立・国立小学校の入学試験には一定の応募者があります。入試は、ただやみくもに学習するだけでは成果を得ることはできません。志望校の過去における出題傾向を研究・把握した上で、練習を進めていくこと、その上で試験までに志願者の不得意分野を克服していくことが必須条件です。そこで、本問題集は小学校を受験される方々に、志望校の出題傾向をより詳しく知って頂くために、過去に遡り出題頻度の高い問題を結集いたしました。最新のデータを含む精選された過去問題集で実力をお付けください。

また、志望校の選択には弊社発行の「**2022年度版　首都圏・東日本　国立・私立小学校　進学のてびき**」「**2022年度版　首都圏　国立小学校入試ハンドブック**」をぜひ参考になさってください。

〈本書ご使用方法〉

◆出題者は出題前に一度問題を通読し、出題内容などを把握した上で、〈**準　備**〉の欄に表記してあるものを用意してから始めてください。
◆お子さまに絵の頁を渡し、出題者が問題文を読む形式で出題してください。問題を読んだ後で、絵の頁を渡す問題もありますのでご注意ください。
◆「**分野**」は、問題の分野を表しています。弊社の問題集の分野に対応していますので、復習の際の目安にお役立てください。
◆一部の描画や工作、常識等の問題については、解答が省略されているものがあります。お子さまの答えが成り立つか、出題者が各自でご判断ください。
◆〈**時　間**〉につきましては、目安とお考えください。
◆解答右端の［**○年度**］は、問題の出題年度です。［**2021年度**］は、「2020年の秋から冬にかけて行われた2021年度入学志望者向けの考査で出題された問題」という意味です。
◆**学習のポイント**は、指導の際に参考にしてください。
◆**【おすすめ問題集】**は各問題の基礎力養成や実力アップにご使用ください。

〈本書ご使用にあたっての注意点〉

◆文中に**この問題の絵は縦に使用してください。**と記載してある問題の絵は縦にしてお使いください。
◆〈**準　備**〉の欄で、クレヨンと表記してある場合は12色程度のものを、画用紙と表記してある場合は白い画用紙をご用意ください。
◆文中に**この問題の絵はありません。**と記載してある問題には絵の頁がありませんので、ご注意ください。なお、問題の絵の右上にある番号が連番でなくても、中央下の頁番号が連番の場合は落丁ではありません。
下記一覧表の●が付いている問題は絵がありません。

問題1	問題2	問題3	問題4	問題5	問題6	問題7	問題8	問題9	問題10
		●			●		●		
問題11	問題12	問題13	問題14	問題15	問題16	問題17	問題18	問題19	問題20
●			●			●		●	
問題21	問題22	問題23	問題24	問題25	問題26	問題27	問題28	問題29	問題30
									●

◎学習効果を上げるため、前掲の「家庭学習ガイド」及び「合格のためのアドバイス」をお読みになり、各校が実施する入試の出題傾向を、よく把握した上で問題に取り組んでください。
※冒頭の「本書ご使用方法」「本書ご使用にあたっての注意点」も併せてご覧ください。

〈横浜国立大学教育学部附属鎌倉小学校〉

2021年度の最新問題

問題1　分野：運動

〈準備〉　ビニールテープ、物干し竿、平均台、トレー、ボール、粘土、ペットボトル、机

〈問題〉　この問題は絵を参考にしてください。
(この問題は10人程度のグループで行う。あらかじめ、絵のように準備した道具を配置しておく)
これからみなさんに運動をしてもらいます。最初に私（出題者）がお手本を見せますので、その通りにやってください。課題に取り組んでいない人は、コースに背を向けて体育座りをして待っていてください。
①上からぶら下がっているビニールテープに当たらないように、向こうまで進んでください。
②丸い石の上を、落ちないように渡ってください。
③平均台の上を進みます。途中の箱には触らないように渡ってください。平均台の端に着いたら、ボタンを押して電気をつけます。平均台から降りたら、もう１度ボタンを押して、電気を消してください。
④床にある枠の中から足が出ないようにケンパーをしながら進んでください。
⑤（トレーを渡す）トレーを持ってスタートし、机に置いてあるものをトレーの上に載せて、反対側にある机まで運んでください。運んだものを、机の上に置いたら、ゴールしてください。

〈時間〉　30分

問題２　分野：お話の記憶（個別テスト）

〈準備〉　なし

〈問題〉　お話をよく聞いて、後の質問に答えてください。

ある日、サルくんはお母さんにお使いを頼まれて、お買い物に行くことになりました。「今日はカレーよ。ニンジンたっぷりの甘くておいしいカレーにするから、ニンジンを買ってきてちょうだい。バスに乗って隣町のスーパーまで行ってきてほしいのだけれど、行けるかしら？」「うん、任せてよ」サルくんは、元気に返事をしました。「ニンジンを４本、頼んだわね。バスは桜のマークのバス停に来るバスに乗るのよ」「うん、ニンジンを４本、バスは桜のマークのところだね」サルくんはお母さんの言葉を繰り返して確かめると、家を出発しました。１人でお買い物に行くのははじめてだったので、サルくんは少し張り切っていました。公園のところまで来ると、違う行き先のバス停が４つあります。どのバスに乗ったらいいのか、サルくんは困ってしまいました。

（問題２－１の絵を見せる）
①絵の中によくないことをしているお友だちがいます。その人を指でさして、何がいけないのか説明してください。

サルくんが困っていると、お友だちのネコさんとタヌキさんがやってきました。「こんにちは。サルくん、どうしたの」「こんにちは。お母さんのおつかいで、隣町のスーパーまでお買い物に行くんだよ。でもどのバスに乗ったらいいのか、よくわからないんだ」サルくんがしょんぼりして言うと、タヌキさんがニッコリ笑って言いました。「ほら、そこに地図の看板があるよ。いっしょに見てみようよ」サルくんは２人といっしょに地図を見ることにしました。

（問題２－１の絵を伏せ、問題２－２の絵を見せる）
②サルくんが乗るバスが来るのはどのバス停ですか。そのバス停のマークを指でさしてください。

サルくんがバス停に着くと、すぐにバスがやってきました。サルくんはネコさんとタヌキさんにお礼を言って、隣町行きのバスに乗りました。バスが隣町に着いて、サルくんがバスから降りると、急に強い風が吹いてきて、サルくんの帽子があっという間に飛ばされてしまいました。サルくんは慌てて帽子を追いかけましたが、帽子は高い木の枝に引っかかってしまいました。精一杯背伸びをして手を伸ばしてみましたが、帽子の引っかかった枝はずっと高いところにあって、届きません。ジャンプしてはたき落とそうとしても、あとちょっとのところでやはり手が届かないのです。困っていると、ゾウのおじさんが来ました。「どうかしたのかい？」と、ゾウのおじさんは、サルくんに聞きました。

③サルくんは、ゾウのおじさんに帽子を取ってもらいたいと思いました。あなたがサルくんだったら、ゾウのおじさんに何と言ってお願いしますか。話してください。

「お安い御用だ。はい、どうぞ」ゾウのおじさんは長い鼻をのばして、ひょいと帽子を取ってくれました。そして「えらいね、おつかいかな？」とゾウのおじさんが言うので、サルくんは少し自分が立派に思えました。「はい、スーパーでお買い物です」と答えると、ゾウのおじさんは「お母さんはよろこぶだろうね。気を付けていくのだよ」と声をかけてくれましたので、サルくんはうれしい気持ちでいっぱいになりました。

（問題２－２の絵を伏せ、問題２－３の絵を見せる）
④サルくんがお買い物で頼まれたのはどれを買うことでしたか。正しいものを指さしてください。

〈時間〉　各15秒

問題3　分野：口頭試問

〈準　備〉　なし

〈問　題〉　**この問題の絵はありません。**

・あなたのお名前を教えてください。
・何歳ですか。
・あなたのお誕生日はいつですか。
・好きな遊びは何ですか。教えてください。

〈時　間〉　適宜

家庭学習のコツ①　**「先輩ママのアドバイス」を読みましょう！**

本書冒頭の「先輩ママのアドバイス」には、実際に試験を経験された方の貴重なお話が掲載されています。対策学習への取り組み方だけでなく、試験場の雰囲気や会場での過ごし方、お子さまの健康管理、家庭学習の方法など、さまざまなことがらについてのアドバイスもあります。先輩ママの体験談、アドバイスに学び、ステップアップを図りましょう！

問題 1

①テープに触らないように進む。

②丸い石の上を、落ちないように渡る。

③平均台を渡り、ボタンを押す。

④ケンケンパで進む。

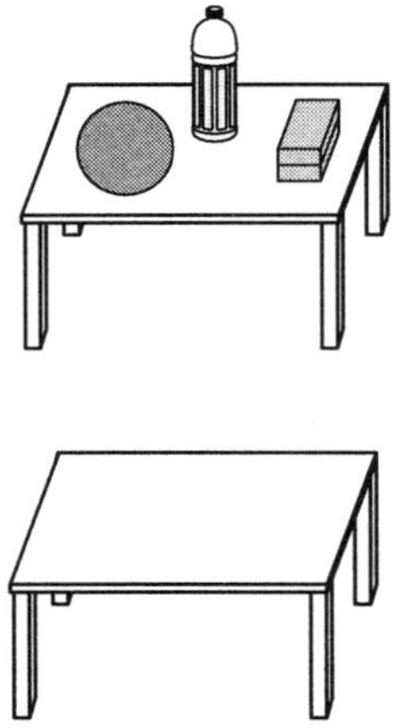

⑤机の上のものを、トレーに載せて運ぶ。

問題２－１

問題２－２

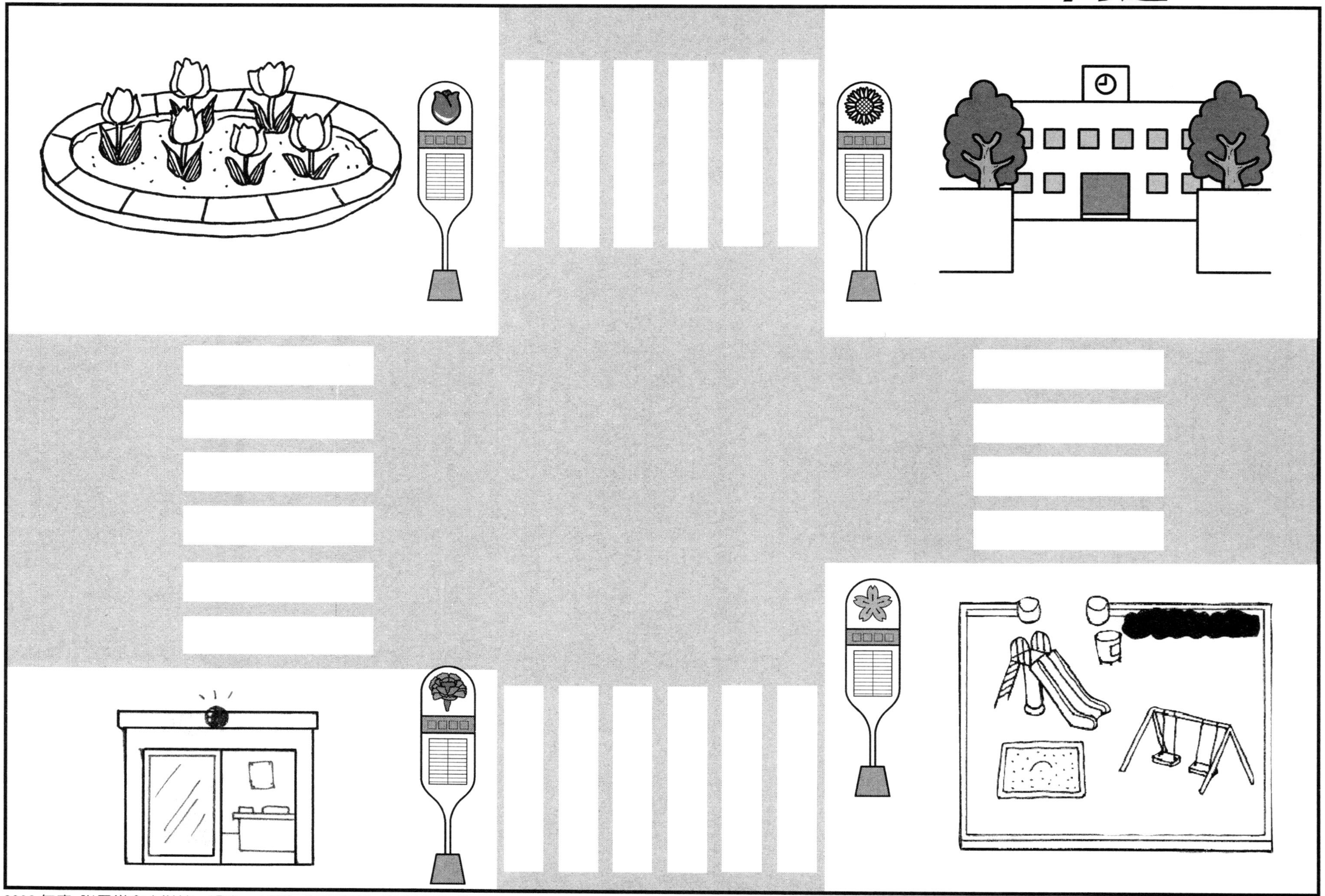

日本学習図書株式会社

問題2－3

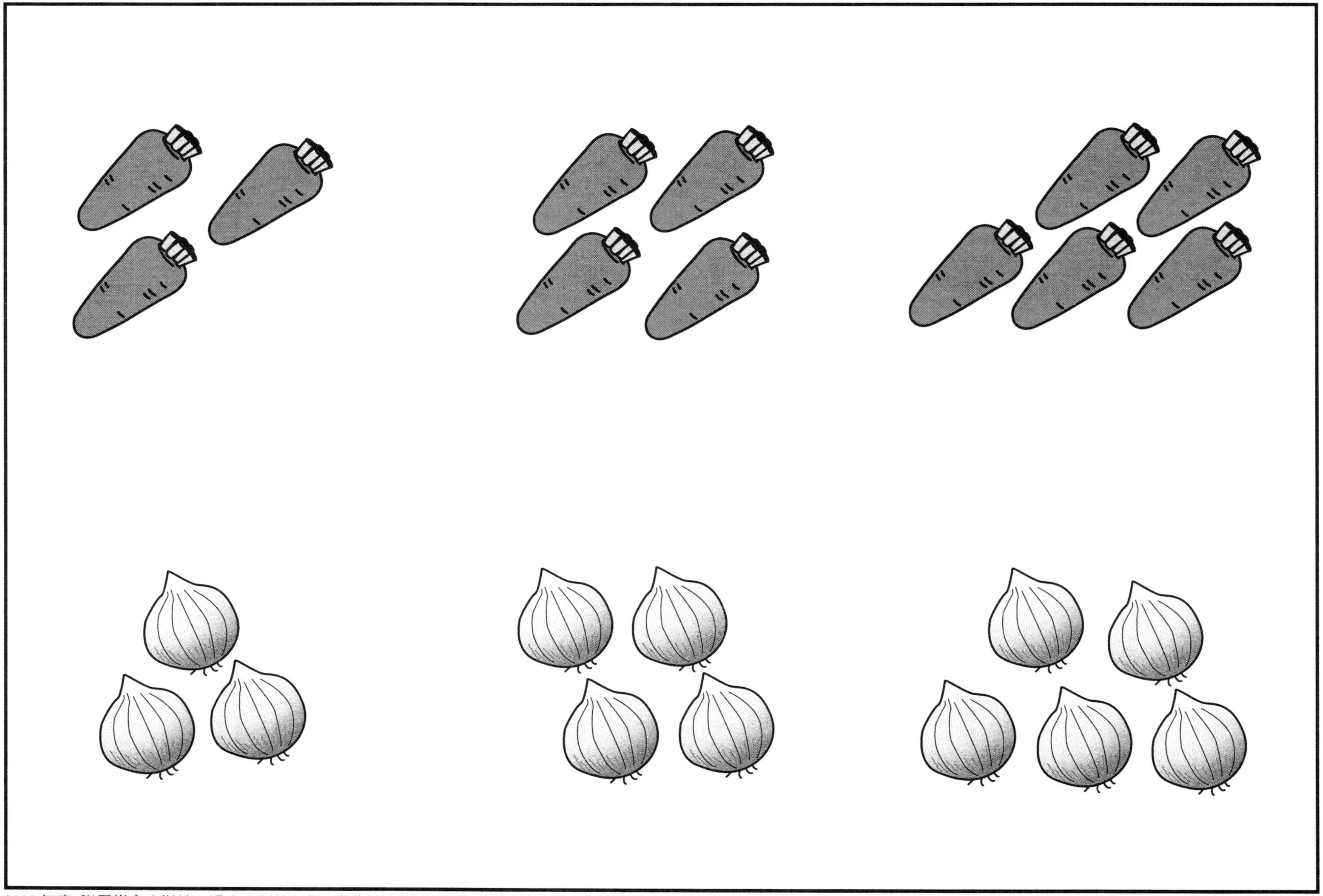

2021年度入試
解答例・学習アドバイス

解答例では、制作・巧緻性・行動観察・運動といった分野の問題の答えは省略しています。こうした問題では、各問のアドバイスを参照し、保護者の方がお子さまの答えを判断してください。

問題１　分野：運動

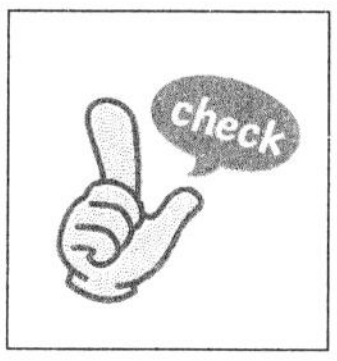

当校の運動テストでは、数年続けて同じ課題が出題されます。本書にも掲載してありますが、この年の出題も、その前年の出題と同じ課題でした。過去問題集で練習していたお子さまは、緊張することなく落ち着いて取り組めたのではないでしょうか。年齢相応の運動能力を見ることに主眼があるため、サーキット・トレーニング的な動きも、ゲーム的な動きも含まれています。「やったことがある！」と舞い上がらずに、よく指示を聞いて元気よく取り組みましょう。先生のお話の最中に「知ってる知ってる！」といった発言をしてしまわないよう、あまりリラックスしすぎず、やはり試験なのだという真面目な姿勢を意識して臨めるよう、「先生のお話は最後までよく聞こうね」というようなアドバイスをしてあげるとよいでしょう。

【おすすめ問題集】
新運動テスト問題集、Ｊｒ・ウォッチャー28「運動」

問題2　分野：お話の記憶（個別テスト）

〈解答〉　①下図参照　②下図参照　③（例）あの帽子をとってもらえませんか。
④上段真ん中

①
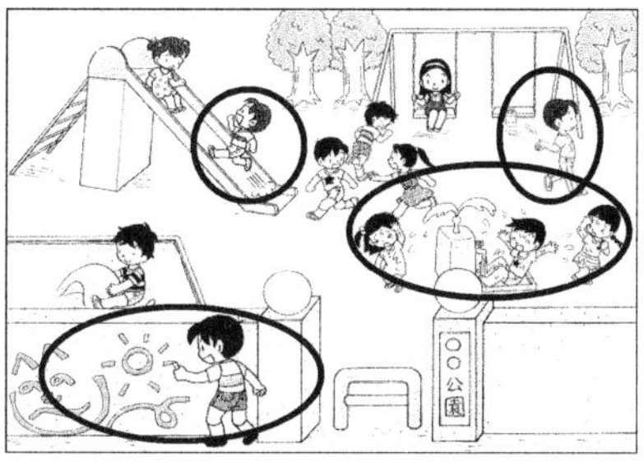

②
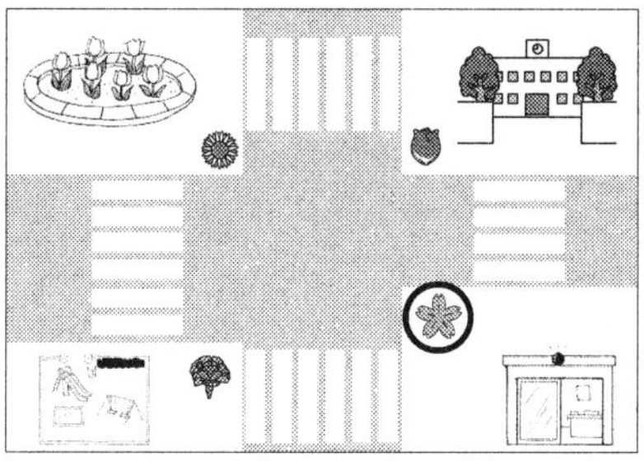

当校のお話の記憶の問題の最大の特徴は、紙芝居形式で読み聞かせが行われ、口頭試問の形式で試験が行われることです。つまり、絵を見ながら読み聞かせをしてくれる先生の質問に答えるものです。この形式は例年同じです。場面の節目で質問がはさまれ、口頭で答えますが、直前の場面から出題されるとは限りません。やはり全体のストーリーを追いながら、その場面で今何が起きているのか、しっかり理解しましょう。また、例年１問、マナーに関する問題が出題されています。絵に描かれている場所はお話に出てくるところと同じですが、聞かれるマナーはお話のストーリーに出てくることは少ないようです。戸惑うお子さまもいるかもしれませんが、過去問を練習して慣れておけば、確実に答えられるものです。自分の言葉で説明する練習をしておきましょう。

【おすすめ問題集】
１話５分の読み聞かせお話集①②、お話の記憶 初級編・中級編・上級編、
Ｊｒ・ウォッチャー19「お話の記憶」

問題3　分野：口頭試問

質問内容は例年同じです。自分の名前や年齢、誕生日、好きな遊びなど、自分のことを人に説明する時の基本的な内容ばかりです。学校は、初対面の大人に対しても物怖じせずに落ち着いて話すことができるか、質問を正しく理解して答えられるか、お子さまの発達度合いだけでなく、年齢相応の社会的経験をしているかどうかも観ています。また、そういった受け答えを通して、ご家庭の教育観やお子さまとの関わりも伝わるものです。特に難しい内容ではないだけに、油断することなく準備をすることが大切です。

【おすすめ問題集】
新口頭試問・個別テスト問題集、新ノンペーパーテスト問題集

横浜国立大学教育学部附属鎌倉小学校　専用注文書

年　　月　　日

合格のための問題集ベスト・セレクション

＊入試頻出分野ベスト３

1st　常　識

知識　聞く力　話す力

2nd　記　憶

聞く力　観察力　集中力

3rd　運　動

集中力　聞く力

お話の記憶は、紙芝居のような読み聞かせで、お話の途中で質問がされるという形式で行われます。質問内容は常識・マナーについて例年出題されていることから対策は取りやすいと言えます。

分野	書　名	価格(税込)	注文	分野	書　名	価格(税込)	注文
常識	Ｊｒ・ウォッチャー 12「日常生活」	1,650 円	冊		新口頭試問・個別テスト問題集	2,750 円	冊
記憶	Ｊｒ・ウォッチャー 19「お話の記憶」	1,650 円	冊		お話の記憶問題集　初級編	2,860 円	冊
記憶	Ｊｒ・ウォッチャー 20「見る記憶・聴く記憶」	1,650 円	冊		お話の記憶問題集　中級編	2,200 円	各　冊
運動	Ｊｒ・ウォッチャー 28「運動」	1,650 円	冊		1話5分の読み聞かせお話集①②	1,980 円	各　冊
観察	Ｊｒ・ウォッチャー 29「行動観察」	1,650 円	冊		小学校受験で知っておくべき　125 のこと	2,860 円	冊
観察	Ｊｒ・ウォッチャー 30「生活習慣」	1,650 円	冊		子どもの「できない」は親のせい？	1,980 円	冊
常識	Ｊｒ・ウォッチャー 56「マナーとルール」	1,650 円	冊		ズバリ解決！お助けハンドブック 学習編・生活編	1,980 円	各　冊

合計	冊	円

(フリガナ) 氏　名	電　話 ＦＡＸ E-mail
住 所　〒　　　－	以前にご注文されたことはございますか。 有　・　無

★お近くの書店、または記載の電話・FAX・ホームページにてご注文をお受けしております。
電話：03-5261-8951　FAX：03-5261-8953　代金は書籍合計金額＋送料がかかります。
※なお、落丁・乱丁以外の理由による商品の返品・交換には応じかねます。

★ご記入頂いた個人に関する情報は、当社にて厳重に管理致します。なお、ご購入の商品発送の他に、当社発行の書籍案内、書籍に関する調査に使用させて頂く場合がございますので、予めご了承ください。

日本学習図書株式会社
http://www.nichigaku.jp

2020年度以前の過去問題

問題4　分野：運動

〈準備〉　ビニールテープ、物干し竿、平均台、トレー、ボール、粘土、ペットボトル、机

〈問題〉　この問題は絵を参考にしてください。

（この問題は10人程度のグループで行う。あらかじめ、絵のように準備した道具を配置しておく）

これからみなさんに運動をしてもらいます。最初に私（出題者）がお手本を見せますので、その通りにやってください。課題に取り組んでいない人は、コースに背を向けて体育座りをして待っていてください。

①上からぶら下がっているビニールテープに当たらないように、向こうまで進んでください。

②丸い石の上を、落ちないように渡ってください。

③平均台の上を進みます。途中の箱には触らないように渡ってください。平均台の端に着いたら、ボタンを押して電気をつけます。平均台から降りたら、もう１度ボタンを押して、電気を消してください。

④床にある枠の中から足が出ないようにケンパーをしながら進んでください。

⑤（トレーを渡す）トレーを持ってスタートし、机に置いてあるものをトレーの上に載せて、反対側にある机まで運んでください。運んだものを、机の上に置いたら、ゴールしてください。

〈時間〉　30分

〈解答〉　省略

［2020年度出題］

学習のポイント

運動テストの課題です。課題の内容は例年とほぼ変わっていません。ですから観点も変わらず、年齢相応の運動能力が備わっているか、指示を理解して行動できているか、課題に積極的に取り組めているかが重視されていると考えてよいでしょう。当校のように、運動テストや行動観察の試験で例年同じような課題が出題されている場合は、指示を聞き取る時の姿勢・態度に気を付けてください。この年齢のお子さまは、知っていることを説明されると、「知っているよ」と口に出して伝えたくなったり、安心して気持ちが緩んでしまう子もいます。そんなことをすると、せっかくの準備が台なしになってしまいます。試験の場で指示を聞いた時に、「前に聞いたことと同じような指示があると思うけど、本当に違うところがないか、最後までしっかり聞こうね」など、お子さまの気を引き締められるアドバイスをするとよいでしょう。

【おすすめ問題集】

新運動テスト問題集、Ｊｒ・ウォッチャー28「運動」

問題5　分野：お話の記憶（個別テスト）

〈準備〉　なし

〈問題〉　お話をよく聞いて、後の質問に答えてください。

ある日、ゾウくんは腰を痛めたおじいさんの代わりに、お買い物に行くことになりました。「ゾウくん、おばあさんへの感謝の気持ちを込めて、ヒマワリを送りたいんじゃが。この通り動けなくなってしまったんだ。代わりに行ってくれないかな」「うん、任せてよ」ゾウくんは、元気に返事をしました。「ヒマワリを３本頼むね」「うん、３本だね」と確認をして家を出発しました。１人でのお買い物ははじめてだったので、ゾウくんは少し心細い気持ちです。横断歩道までくると、信号が赤なので止まりました。すると、お友だちのウサギさんとキツネさんがやってきました。

（問題５－１の絵を見せる）
①絵の中によくないことをしているお友だちがいます。その人を指でさして、何がいけないのか説明してください。

ウサギさんが「何してるの？」と聞いてくるので、「おじいちゃんのおつかいでお花屋さんへ行くんだ」と言いました。ウサギさんとキツネさんが、「いっしょに着いていってもいいかな」と言うので、ゾウくんは１人だと少し心細かったので、「ぜひいっしょに行こうよ」と言いました。キツネさんが「おじいさん、贈り物を贈るって素敵だね」と言うので、ゾウくんは大きくうなずきました。「ゾウくんはおじいさんみたいに誰かに贈り物を贈ったことある？」とキツネさんがゾウくんに聞きました。「ないな、キツネさんは？」「わたしもないな、ウサギさんは？」「わたしも…あ、そうだ。明日、お母さんの誕生日なの。せっかくだから贈り物してみようかな」とウサギさんが言ったので、ゾウくんとキツネさんはそうしたらお母さん喜ぶよと伝えました。「じゃあそうする！　わたしもお花を贈ることにするわ」とウサギさんが言いました。３人は、歩き出しましたが、道に財布が落ちていました。

（問題５－１の絵を伏せ、問題５－２の絵を見せる）
②財布を届けるにはどこへ持っていけばよいでしょうか。その建物を指でさしてください。

ゾウくんがお巡りさんに財布を渡しました。ウサギさんが「ねえねえ、おまわりさんにお花屋さんの道たずねてみてよ」とゾウくんは言われました。

③あなたがゾウくんだったら、おまわりさんに何と言いますか。話してください。

おまわりさんは「この道をまっすぐ行くと着くよ」と教えてくれました。そして「えらいね、おつかいかな？」とおまわりさんが言うので、ゾウくんは少し自分が立派に思えました。ウサギさんがお母さんへの贈り物を買いに行くと伝えると、「お母さんは喜ぶだろうね」といい、キツネさんに対しては「みんなのお手伝いをしてやさしいね」と声を掛けてくれました。みんな、とてもうれしい気持ちでいっぱいになりました。

（問題５－２の絵を伏せ、問題５－３の絵を見せる）
おまわりさんと別れてから、３人はお花屋さんへ着きました。ウサギさんは「わたしはバラを４本買うわ、ゾウくんは何を頼まれたの？」と言いました。

④ゾウくんがお願いされたのはどれでしたか。正しいものを指さしてください。

〈時間〉　各10秒

〈解答〉　①下図参照　②真ん中
③（例）お花屋さんに行きたいのですが、道を教えてくれませんか。
④上段中央（ヒマワリが３つ）

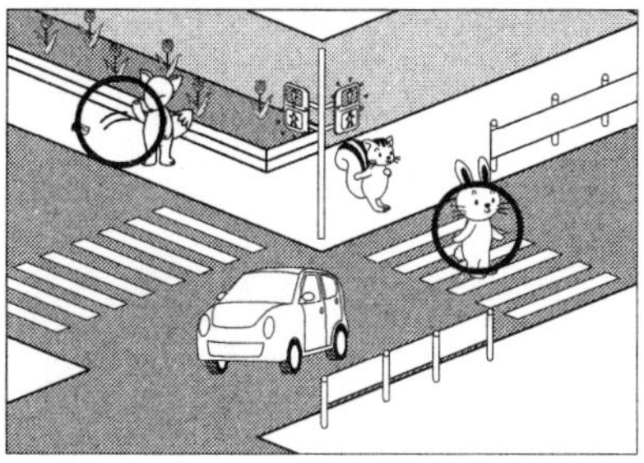

［2020年度出題］

学習のポイント

当校のお話の記憶は、紙芝居のように読み聞かせが進められ、口頭試問の形で答えます。この形式に例年変化はありません。集中したいのは質問が終わった後、次の絵になり、「絵には描かれていない内容」を話す時でしょう。絵に描かれているものよりこちらについて出題されることが多いようです。また、１つのお話というよりも、短いお話がいくつか集まったものという認識で話を聞いた方が、聞き取りやすくなるので記憶もしやすくなるかもしれません。質問は例年、マナーや常識について出題されることが多く、話の内容を聞くというよりは、日常生活の中で学習するものの方が多いかもしれません。例えば、バスや電車、横断歩道など、マナーなどです。これらを学習する機会は至るところにあります。保護者の方がお手本となって指導していきましょう。

【おすすめ問題集】
新口頭試問・個別テスト問題集
１話５分の読み聞かせお話集①・②、お話の記憶 初級編・中級編、
Ｊｒ・ウォッチャー19「お話の記憶」、56「マナーとルール」

問題６　分野：口頭試問

〈準備〉　なし

〈問題〉　この問題の絵はありません。
・あなたのお名前を教えてください。
・好きな遊びは何ですか。教えてください。

〈時間〉　適宜

〈解答〉　省略

［2020年度出題］

学習のポイント

例年、質問される内容にほぼ変化はありません。特に本年度は質問数も短かったようです。志願者自身のこと、幼稚園の名前、好きな遊びや食べものの質問をされていることからわかる通り、わざわざ対策を取る内容のものではないように思えるでしょう。しかし、幼児によっては、はじめて会った人からの質問にすらすら答えることは、決して簡単なことではありません。質問を正しく理解しそれに対する自分の考えを自分の言葉で伝えるためには、年齢相応の経験もそうですが、それなりの語彙力も必要になります。学校はその発達度合いを観たいわけですが、さらに、そこに表れる態度や姿勢を通して、ご家庭での教育環境も観ています。質問の単純さに気持ちを緩めず、お子さまの語彙力、経験値、自発性、積極性、コミュニケーション力をしっかりと把握しておきましょう。

【おすすめ問題集】

面接テスト問題集、新口頭試問・個別テスト問題集

家庭学習のコツ②　「家庭学習ガイド」はママの味方！

問題演習を始める前に、試験の概要をまとめた「家庭学習ガイド（本書カラーページに掲載）」を読みましょう。「家庭学習ガイド」には、応募者数や試験科目の詳細のほか、学習を進める上で重要な情報が掲載されています。それらの情報で入試の傾向をつかみ、学習の方針を立ててから、対策学習を始めてください。

問題7　分野：お話の記憶（個別テスト）

〈準　備〉　なし

〈問　題〉　お話をよく聞いて、後の質問に答えてください。

ある日、タヌキチくんは腰を痛めたおばあさんの代わりに、お使いに行くことになりました。「タヌキチくん、電車で隣町の図書館に行って、本を借りてきてほしいの。それから、八百屋へ行ってリンゴを４個買ってきてね」「うん、任せてよ」タヌキチくんは、元気に返事をしました。
（問題７－１の絵を見せる）
「借りてきてほしい本はこれだよ」タヌキチくんは、借りてくる本をおばあさんに教えてもらいました。「それから、お財布も持って行きなさい」と、おばあさんはお金の入った赤い財布を渡してくれました。「それじゃあ、行ってきます」と大きな声を出して、タヌキチくんは家を出ました。
駅に着きました。電車が来るまで少し時間があるようです。タヌキチくんがホームを見回すと、ほかにも電車を待っている人がいました。

（問題７－１の絵を伏せ、問題７－２の絵を見せる）
①絵の中によくないことをしているお友だちがいます。その人を指でさして、何がいけないのか説明してください。

タヌキチくんは電車を降りてからしばらく歩き、図書館に着きました。貸出係のゾウさんのところへ言って、おばあさんに頼まれた本をお願いしました。するとゾウさんは「よく似た表紙の本がたくさんあるんだ。おばあさんに頼まれた本はどれかな」と言って、本を何冊か持ってきてくれました。

（問題７－２の絵を伏せ、問題７－３の絵を見せる）
②おばあさんが頼んだ本は、この中のどれですか。指でさしてください。

「この本です。これを貸してください」タヌキチくんは、おばあさんに頼まれた本を借りることができました。次は、八百屋でリンゴを買います。タヌキチくんは八百屋へ向かって歩き出しました。公園の前を通った時、コロコロとボールが転がって来ました。「おーい、ボールを取ってよ」と、サッカーをしていたクマのお兄さんが声をかけてきました。「はい、いくよー」タヌキチくんは、拾ったボールを思いっきり投げ返しました。「イテテ」ボールは上手くお兄さんに届きましたが、勢いよく投げたので、タヌキチくんは転んでしまいました。「どうもありがとう」お礼を言うお兄さんに手を振って、タヌキチくんは歩き出しました。八百屋に着くと、さっそくお店のキリンさんに「リンゴをください」と言いました。「まいど。いくつ欲しいんだい」

③タヌキチくんは、リンゴを何個買うのですか。教えてください。

「はい、どうぞ」「どうもありがとう」リンゴを受け取ったタヌキチくんが、お金を払おうとすると、財布がありません。「あれ、どこかで落としたんだ。どうしよう」タヌキチくんが困っていると、キリンさんは「交番に届いているかもしれないよ。聞いてごらん」と教えてくれました。公園の近くにある交番へ行くと、イヌのお巡りさんがいました。

④あなたがタヌキチくんだったら、おまわりさんに何と言いますか。話してください。

「ああ、その財布だったら届いているよ。さっきクマのお兄さんが拾ってくれたんだ」と教えてくれました。「ありがとうございます。クマのお兄さんに会ったら、お礼を言います」とタヌキチくんは言い、八百屋へ戻りました。

〈時　間〉　各10秒

〈解 答〉　①下図参照　②右上　③４個
④（例）落し物で、赤い財布は届いていませんか。

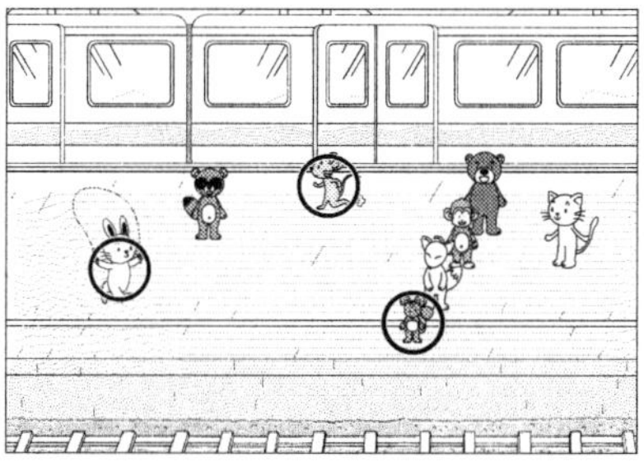

［2019年度出題］

学習のポイント

当校のお話の記憶は、紙芝居を読み聞かせる形式で進められます。特徴はお話の途中で質問をされることと、口頭試問の形で答えることです。このスタイルは例年も変わっていません。当たり前のことですが、質問をよく聞き、しっかりと答えましょう。ここで言う「しっかり答える」とは、答えを指さして伝える、指示に合わせて理由を言って説明する、「～です。～だから」など話し方を整える、の３点を踏まえて答えるということです。①は、例年出題されているマナー違反を指摘し、その理由を答える問題です。このような問題での「よくないこと」は、「迷惑なこと」「危険なこと」の２つです。理由を説明する際のキーワードとして使えば、たいていのものにあてはまります。例えばリスの場合、「駅のホームで、白線の外側に立つと危ないから」となります。お子さまに、ウサギ、ネズミについても理由を同じように説明させてください。何度も繰り返し行っていけばお子さまも慣れるでしょう。

【おすすめ問題集】
新口頭試問・個別テスト問題集
１話５分の読み聞かせお話集①・②、お話の記憶 初級編・中級編、
Ｊｒ・ウォッチャー19「お話の記憶」、56「マナーとルール」

問題８　分野：口頭試問

〈準 備〉　なし

〈問 題〉　この問題の絵はありません。
・あなたのお名前を教えてください。
・好きな食べものは何ですか。教えてください。
・通っている幼稚園（保育園）の名前を教えてください。
・好きな遊びは何ですか。教えてください。
・好きな運動は何ですか。教えてください。
・幼稚園（保育園）で、好きな先生のお名前を教えてください。

〈時 間〉　適宜

〈解 答〉　省略

［2019年度出題］

学習のポイント

口頭試問の形式と内容は、例年とほとんど変わっていません。本問および過去に出題された質問に対しては、答えを用意しておくとよいでしょう。また、学習のポイントをふまえた準備や練習も進めておいてください。このような試験では、回答の内容や態度を評価するだけではなく、それらを含めて総合的に評価していると考えられます。質問に対して、スムーズに答えられたとか、いいことを言えた、あるいは正しい姿勢ではきはきと答えたなどは、それぞれ大切なことですが、１つがよかった（あるいは悪かった）からといって、それが合否に直結するものではありません。ほかの部分で取り返すことができるものです。ある程度、対策練習をした上で、それでもお子さまが質問に上手く答えられない場合は、次の質問で取り返せるということを理解させ、安心して試験に臨めるように声をかけてあげるとよいでしょう。

【おすすめ問題集】

面接テスト問題集、新口頭試問・個別テスト問題集

問題９　分野：運動

〈準 備〉　ビニールテープ、物干し竿、平均台、トレー、野球ボール、弁当箱、ペットボトル、机

〈問 題〉　**この問題は絵を参考にしてください。**

（この問題は10人程度のグループで行う。あらかじめ、絵のように準備した道具を配置しておく）

これからみなさんに運動をしてもらいます。最初に私（出題者）がお手本を見せますので、その通りにやってください。課題に取り組んでいない人は、コースに背を向けて体育座りをして待っていてください。

①上からぶら下がっているビニールテープに当たらないように、反対側まで行ってください。その後、平均台を渡ってください。渡り終えたら、床にある枠の中から足が出ないようにケンパーをしながら、ゴールまで走ってください。

②（トレーを渡す）トレーを持ってスタートし、最初の机に置いてあるボールをトレーの上に載せて、次に行ってください。次の机でボールの載ったトレーを置いて、お弁当箱が載ったトレーに持ち替えてください。その次の机で、トレーにペットボトルを載せてください。最後の机の上に、持っているトレーを置いたら、ゴールしてください。

〈時 間〉　30分

〈解 答〉　省略

［2018年度出題］

学習のポイント

当校の運動テストは、サーキット運動と指示行動が例年出題されています。①の内容は前年も順番を変えて行われていました。志願者数の多さを考えると、これらの動作は問題なくできるようにしておきたいところです。「ものを避けて進む」「平均台を渡る」「ケンパー」といった動作は念入りに練習しておいてください。②ではトレーの上にさまざまなものを載せるので、それらを落とさずにいられるバランス感覚も身に付けておきましょう。動作以外で気を付けておきたい点は、指示の聞き取りです。「ビニールテープに触れてはいけない」「指示通りのものをトレーに載せる」といった指示を守れなければ、課題をきちんと行ったことにはなりません。また、「待機中は後ろを向いて（競技している様子を見ないで）体育座りをする」という独特な指示があります。背後でほかの志願者が課題を行うので、その様子が気になってしまい振り返りたくなるお子さまもいるかもしれませんが、我慢してルールを守るようお子さまに伝えておいてください。

【おすすめ問題集】

新運動テスト問題集、Ｊｒ・ウォッチャー28「運動」

家庭学習のコツ③　効果的な学習方法～問題集を通読する

過去問題集を始めるにあたり、いきなり問題に取り組んではいませんか？　それでは本書を有効活用しているとは言えません。まず、保護者の方が、すべてを一通り読み、当校の傾向、ポイント、問題のアドバイスを頭に入れてください。そうすることにより、保護者の方の指導力がアップします。また、日常生活のさまざまなことから、保護者の方自身が「作問」することができるようになっていきます。

問題10　分野：お話の記憶（個別テスト）

〈準備〉　なし

〈問題〉　お話をよく聞いて、後の質問に答えてください。

ニャン太くんは、ひらがな幼稚園のモモ組です。担任のウサギ先生や、お友だちのゾウくん、タヌキくんと、いつも仲良く遊んでいます。ある日、ウサギ先生がニャン太くんにお願いごとをしました。「ニャン太くん、カタカナ幼稚園まで行って、ボールを５個借りてきてちょうだい」「はい、わかりました」ニャン太くんはすぐに返事をしました。ウサギ先生は、模様のついたバッグをニャン太くんに渡しました。
（問題10-１の絵を見せる）
「このカバンをいっしょに持っていって。前に、カタカナ幼稚園のヤギ先生から借りた積み木が入っているの」ニャン太くんはカバンを受け取って、カタカナ幼稚園に向かいました。
ニャン太くんは道を歩き、交差点に着きました。交差点にはさまざまな人がいます。

（問題10-１の絵を伏せ、問題10-２の絵を見せる）
①絵の中によくないことをしているお友だちがいます。その人を指で差して、何がいけないのか説明してください。

ニャン太くんは交差点を渡って、公園の前に来ました。公園ではヒツジさんが紙芝居をしていました。紙芝居が面白かったので、ニャン太くんはつい足を止めてしまいましたが、お使いを思い出して慌てて先に進みました。
ようやくカタカナ幼稚園に着きました。「ごめんください、ヤギ先生はいますか」ニャン太くんが呼びかけると、ヤギ先生が出てきました。「おや、ひらがな幼稚園のニャン太くんじゃないか。こんにちは」「こんにちは。ウサギ先生の代わりに、ボールを借りに来ました。あと、借りていた積み木をお返しします」すると、ヤギ先生は言いました。「積み木はどこにあるんだい」見ると、さっきまで持っていたバッグがありません。「そうだ、さっきの公園に忘れてきちゃったんだ」慌てたニャン太くんを落ち着かせて、ヤギ先生は言いました。「それなら、交番に落とし物が届いていると思うから、行ってみるといい。その間に私はボールを用意しておくよ」
ニャン太くんは言われたとおり、交番に行きました。交番にはイヌのおまわりさんがいました。

②あなたがニャン太くんだったら、おまわりさんに何と言いますか。

ニャン太くんの話を聞いて、おまわりさんはカバンを持ってきました。「カバンの落とし物は３つあるよ。どれが君のカバンかな」

（問題10-２の絵を伏せ、問題10-３の絵を見せる）
③ニャン太くんが忘れたカバンは、この中のどれですか。

カバンを見つけたニャン太くんは、幼稚園に戻りました。「ヤギ先生、カバンがありました」「よかったねえ」ヤギ先生はカバンから積み木を取り出し、代わりにニャン太くんが借りてくるものを中に入れてくれました。

④ニャン太くんはカタカナ幼稚園で何をいくつ借りましたか。

〈時間〉　各10秒

〈解答〉　①タヌキ（赤信号を渡っている）、ウサギ（ガードレールの上に立っている）、サル（花壇に入っている）　②省略　③右　④ボールを５個

［2018年度出題］

学習のポイント

口頭試問形式で出題される「お話の記憶」の問題です。例年、お話が紙芝居形式で読み上げられ、途中に質問が出される方法で出題されています。本問の解答はすべて口頭で行われますので、解答の正誤だけでなく、言葉遣いや話し方にも気を付けなくてはいけません。特に、①は解答の根拠を説明するので、何が悪いのかを理解し、説明する力が必要です。準備としては、家庭学習の際、こういった常識分野の問題の答え合わせをする時に、○×だけでなく、答えた理由も常に聞くことです。お子さまの説明で正しくない部分や足りない部分があった時は、その点をさらに掘り下げる形で質問して、お子さまが正解にたどり着くよう導いてください。お子さまが自分の言葉だけで理由を説明できるようになるのが理想です。同時に、「○○です」「△△だから、××です」といった、ていねいな言葉遣いも身に付けておきましょう。

【おすすめ問題集】
新口頭試問・個別テスト問題集、１話５分の読み聞かせお話集①・②、
お話の記憶 初級編・中級編、Ｊｒ・ウォッチャー19「お話の記憶」

問題11　分野：口頭試問

〈準備〉　なし

〈問題〉　**この問題の絵はありません。**
・あなたのお名前を教えてください。
・通っている幼稚園（保育園）の名前を教えてください。
・お友だちとは何をして遊びますか。
・家から学校までの時間は、どのくらいかかりますか。
・今日はここまでどのように来ましたか。
・好きな食べものは何ですか。

〈時間〉　適宜

〈解答〉　省略

［2018年度出題］

学習のポイント

お話の記憶の問題に続いて簡単な質問が行われます。例年、質問内容に大きな変化はありません。簡単な内容なので、回答に悩むことも少ないと思います。そのため、学校側が主に観ているのは、入学後の学校生活で必要なコミュニケーション能力だと考えられます。円滑な意思疎通に必要なのは、正しい話し方や言葉遣いです。例えば、相手が聞き取りやすいようにはっきりと喋る、相手の目を見て集中して話を聞く、などの点を心がけてください。こうした振る舞いがきちんとできていると、試験官とのコミュニケーションがスムーズになります。話し方や言葉遣いは、日常会話を通して身に付けていくのがよいでしょう。その際、お子さまに話し方を教えるだけでなく、保護者自身も立ち振る舞いを確認し、お子さまのお手本になる姿勢を見せるようにしてください。

【おすすめ問題集】
面接テスト問題集、新口頭試問・個別テスト問題集

問題12　分野：運動

〈準　備〉　平均台、ティッシュ箱、ビニールテープ、ペットボトル、買い物袋

〈問　題〉　**この問題は絵を参考にしてください。**

（あらかじめ、絵のように準備した道具を配置しておく）

①平均台を渡ってください。途中にあるティッシュ箱は踏まないように、またいで越えてください。

②上からぶら下がっているビニールテープに当たらないように、ゴールまで進んでください。

③途中にあるペットボトルをすべて拾って、買い物袋の中に入れてゴールまで進んでください。

④枠にあわせてケンパーをしながらゴールまで進んでください。ただし、この課題は、できないと思ったらやらなくてもよいです。

〈時　間〉　適宜

〈解　答〉　省略

［2017年度出題］

学習のポイント

当校の運動の問題では、複数の課題をそれぞれ指示通りに行います。運動能力だけでなく、指示を聞く力も必要です。指示を聞く力は、日頃の会話の中で自然と身に付くものです。お子さまとの会話の中で、相手の方を向いて話し、しっかりと聞くという態度をお互いに大切にするだけで充分です。お子さまはその過程で、集中して聞く姿勢を身に付けるでしょう。また、運動が苦手なお子さまであれば、できる範囲のことから、少しずつ体を動かす練習をしていきましょう。④の問題は、お子さまがやるかどうか自分で判断する問題です。実際の試験では半球形や四角の台が並んでおり、その上をケンパーで渡るという問題でした。足場が不安定で難しそうな問題なので、お子さまは挑戦するのをためらってしまうこともあるかもしれません。しかし、難しそうな課題に、工夫しながら取り組むという姿勢は大きく評価されるはずです。失敗を恐れずに挑戦する気持ちを、学習や生活の中で養っておきましょう。

【おすすめ問題集】

新運動テスト問題集、Ｊｒ・ウォッチャー28「運動」

問題13　分野：お話の記憶（個別テスト）

〈準備〉　なし

〈問題〉　**13-1の絵は縦に使用してください。**

お話をよく聞いて、後の質問に答えてください。

ある日、ウサギさんのおうちに手紙が届きました。中にはこのような絵が書いてあるカードが入っていました。
（問題13-1の絵を見せる）
ウサギさんは何のカードかわかりません。そこで、お友だちのカメくんに見せてみました。するとカメくんは、「これはモチ屋さんのカードだよ。このカードを見せると、モチが５個もらえるんだ」と言いました。ウサギさんはよろこんで、「それじゃあカメくん、一緒にモチをもらいに行こう」と言いました。こうして、ウサギさんとカメくんはモチをもらいに出かけました。
ウサギさんとカメくんが歩いていると、公園に着きました。公園に入ると、何人かの子どもが遊んでいました。それと、公園にいつもいるクマのおじさんがいました。「こんにちは」と、ウサギさんとカメくんがあいさつすると、クマさんも「こんにちは」とあいさつしてくれました。クマさんは「今日は人がいっぱいいるから、気を付けてね」と言ってくれました。まだお昼だったので、ウサギさんとカメくんは、ちょっと遊んでからモチ屋さんに行くことにしました。

（問題13-２の絵を見せる）
①公園で遊んでいるお友だちの中には、よくないことをしている子がいます。その人を指でさして、何がいけないのか説明してください。

（問題を解き終わった後、お話を再開する）
しばらく遊んでから、ウサギさんとカメくんはモチ屋さんに行くことにしました。ところが、楽しく遊んでいたので、モチ屋さんまでの道を忘れてしまいました。そこでウサギさんはクマさんにお店までの道を聞きました。「クマさん、モチ屋さんにはどうやって行けばいいんですか」するとクマさんは、地図を書いてくれました。それから、「そのカードと同じマークのお店がモチ屋さんだよ」と教えてくれました。

（問題13-３の絵を見せる）
②モチ屋さんはどれですか。指で差して答えてください。

クマさんに教えてもらったとおりに進んで、ウサギさんとカメくんはモチ屋さんに着きました。ウサギさんはモチをもらったので、１個をカメくんにあげて、残りはお家に持って帰ってお父さんとお母さんと一緒に食べようと思いました。

③お父さんとお母さんにモチを渡す時、あなただったらなんと言いますか。

〈時間〉　各10秒

〈解答〉　①省略　②右から２番目　③省略

［2017年度出題］

学習のポイント

お話の記憶は、小学校受験では頻出する分野ですが、この問題はお話の間に質問を挟むという、あまり見ない形式をとっています。慣れていないと質問の前のお話を忘れてしまうこともあるかもしれませんから注意してください。ふだんの読み聞かせで、お話の途中にお子さまへと質問をすることによって、簡単に練習することができます。こうした練習はお話の情景をハッキリと思い浮かべる練習にも役立ちます。途中で内容を整理することで、お話の様子が頭の中に思い浮かんで記憶しやすくなるからです。ふだんの読み聞かせでも、情景を思い浮かべることを意識していきましょう。また、②の「なぜいけないことだと思ったのか」、③の「両親にモチをプレゼントする時になんと言うか」、という問題は、自分の考えで答えを述べなくてはいけません。なぜそう思ったのか、理由をよく考えてから答える習慣を身に付けておきましょう。

【おすすめ問題集】

新口頭試問・個別テスト問題集

１話５分の読み聞かせお話集①・②、１話７分の読み聞かせお話集 入試実践編①

お話の記憶 初級編・中級編・上級編、Ｊｒ・ウォッチャー19「お話の記憶」

問題14 分野：口頭試問

〈準備〉 なし

〈問題〉 この問題の絵はありません。

・お名前を教えてください。

・今日はどうやってここまで来ましたか。

・お誕生日を教えてください。

・何で遊ぶのが好きですか。

〈時間〉 適宜

〈解答〉 省略

［2017年度出題］

学習のポイント

質問はお子さまと先生が１対１で話し合う形で行われました。前の問題と同様に、話を聞く力と自分の考えを話す力が求められます。質問の内容は難しいものではなく、お子さま自身についてのことが中心です。そのため、答えの内容ではなく答える時の話し方や態度が観られていると考えられます。会話をするということは、ただ相手の声を聞いてしゃべるだけではありません。体を相手の方へ向け、目を見てしっかり話す、相手が話しているのを遮って話してはいけない、答える時は単語を言うだけでなく「〇〇です」「△△だと思います」と、ていねいに答えるなどの決まりごとがあります。日常の会話の中でお子さまの態度をよく観察して、悪いところがあればその都度直すようにしましょう。

【おすすめ問題集】
面接テスト問題集、新口頭試問・個別テスト問題集

問題15　分野：運動

〈準備〉　鉄棒、白テープ、フープ、平均台、箱、棒
※あらかじめ問題15の絵のように配置しておく。

〈問題〉　この問題は絵を参考にしてください。

①鉄棒にぶら下がって端まで進んでください。白いテープに触らないようにしましょう。
②輪の中をケンパーで進んでください。途中の箱は跳び越してください。
③平均台の上を端まで進みましょう。途中の箱には触らないようにしましょう。
④白い線の間を、先生が動かす棒に触らないように進んでください。

〈時間〉　適宜

〈解答〉　省略

［2016年度出題］

学習のポイント

当校の運動テストでは、ここ数年、本問の①～④の課題がほぼそのまま出題されています。内容はいずれも基礎的なものであり、特別な対策は必要ありません。ふだん、公園やさまざまな施設で体を動かして遊ぶことができていれば、運動自体には問題なく取り組むことができるでしょう。気を付けなければならないのは、「白いテープに触れてはいけない」「箱は跳び越す」などの指示が出されることです。どんなに運動能力が高くても、指示を聞き逃したりルールを守れなかったりすれば、課題をきちんと行ったことにはなりません。ほかの課題と同様に、先生の話をしっかり聞き、指示を把握してから取りかかるようにしてください。なお、運動がよくできるかどうかは、それほど重要ではありません。主な観点は、ごく標準的な体力があること、指示を守って行動できること、失敗してもあきらめずに取り組むことなどです。また、待機中の態度も観られています。ふざけたり、勝手に立ち歩いたり、ほかの志願者の邪魔をしたりといった行動は試験官に悪印象を与えるため、控えるように指導してください。

【おすすめ問題集】

新運動テスト問題集、Ｊｒ・ウォッチャー28「運動」

問題16　分野：お話の記憶（個別テスト）

〈準備〉　なし

〈問題〉　お話をよく聞いて、後の質問に答えてください。

ピーマンさんのお母さんが、ケーキを作っています。「わあ、おいしそう！」とピーマンさんが言うと、お母さんは「これはおじいさんとおばあさんの分よ。２人のお家に届けてきてくれるかしら。その間に、あなたの分を作るから」と言って、ピーマンさんにお使いを頼みました。ピーマンさんは、ケーキを箱に入れて出かけました。道を歩いて行くと、ナス君に会いました。「お散歩？　この先の橋は危ないから、渡らない方がいいよ」とナス君が教えてくれたので、ピーマンさんは「ありがとう、そうする」と言って、角を曲がりました。また歩いて行くと、お池があり、水に浮かんだ葉っぱの上でカエル君が日向ぼっこしていました。ピーマンさんが「こんにちは。今日は鳥さんはいないの？」と聞くと、カエル君は「今、もぐっているところ」と言いました。また歩いて行くと、トウモロコシ君がお家の前の道をお掃除していました。「それ、なあに？」と聞かれたので、ピーマンさんは「おいしいチョコレートケーキよ。おじいさんとおばあさんのお家に届けるの」と答えました。さあ、２人のお家は、もうすぐそこです。

（問題16-１の絵を見せる）

①右上にピーマンさんがいます。ピーマンさんが通った道を、指でたどって教えてください。

②お池にもぐっていた鳥は、何という鳥だと思いますか。

③トウモロコシ君は、手に何を持っていたと思いますか。

（問題16-２の絵を見せる）

④ピーマンさんが届けたケーキはどれですか。指でさして教えてください。

⑤おじいさんとおばあさんにケーキを渡すとき、あなただったら何と言いますか。

〈時間〉　即答が望ましい

〈解 答〉　①下図参照　　②アヒル、カモなどの水鳥　　③ほうき、ちりとりなど
　　　　　④左下　　　　⑤省略

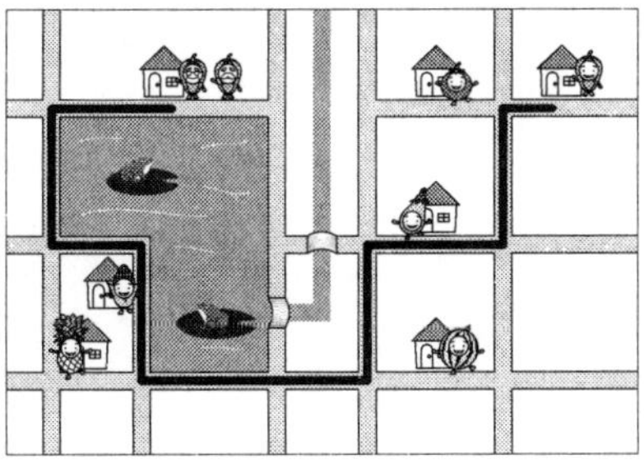

［2016年度出題］

学習のポイント

口頭試問形式で出題される「お話の記憶」の問題です。例年、紙芝居形式でお話が読み上げられるのを聞いた後で、いくつかの質問に答えます。設問は、口頭で答えるもの、ペーパー上を指でさし示して答えるもの、おはじき等の具体物を置いて答えを示すものなど、さまざまな形式で出題されます。お話を聞いて記憶することと同じくらい、質問の内容や答え方の指示を聞くことが重要ですので、人が話をしている時にはしっかり聞くように、ふだんから指導しておきましょう。なお、お話の内容自体はさほど難しいものではありませんが、お子さまが記憶するのに苦労しているようであれば、登場人物や情景をイメージしながらお話を聞く練習をしてみるとよいでしょう。また、③のように答えがお話の中には出てこない常識分野の問題も出題され、年齢相応の知識を持っているかどうかが観られます。お子さまにこのような「常識」が充分にそなわっていないと思われるのであれば、分野別の問題集などで学習しておいたほうがよいでしょう。

【おすすめ問題集】
　新口頭試問・個別テスト問題集
　1話5分の読み聞かせお話集①・②、1話7分の読み聞かせお話集 入試実践編①
　お話の記憶 初級編・中級編・上級編、Jr・ウォッチャー19「お話の記憶」

問題17　分野：言葉（個別テスト）

〈準 備〉　なし

〈問 題〉　この問題の絵はありません。
・あなたのお名前を教えてください。
・通っている幼稚園（保育園）の名前を教えてください。
・お友だちとは何をして遊びますか。
・家から学校までは近いですか。
・今日はここまで何で来ましたか。
・今日は誰とここまで来ましたか。
・好きな食べものは何ですか。

〈時 間〉　3分

〈解 答〉　省略

［2016年度出題］

学習のポイント

例年、質問の内容に大きな変化はありません。質問の内容に正しく答えられることも重要ですが、学校側が主に観ているのは、コミュニケーションを問題なくとることができるかどうか、話し方や言葉遣い、試験中の態度から垣間見えるふだんの様子といった点です。質問に対する答えをあらかじめ用意してお子さまに反復練習させるという手法では、想定外の質問を受けたときに対応できなくなります。それでは対策として充分ではありません。やはり、ふだんの生活全体を通して準備していくのが最も効果的な方法です。もうすぐ小学生になるのだということを自覚させ、「お兄さん」「お姉さん」らしい振る舞いや、何でも自分でやろうとする自立性、集団生活を営んでいくのに相応しい生活態度やマナーを身に付けていってください。

【おすすめ問題集】

面接テスト問題集、新口頭試問・個別テスト問題集

問題18　分野：お話の記憶（個別テスト）

〈準備〉　なし

〈問題〉　お話をよく聞いて、後の質問に答えてください。

ウサギのピョンコちゃんが病気になりました。クマのお母さんはクマのお姉さんと弟に、「ピョンコちゃんのところにリンゴを持ってお見舞いに行って来てね。ドアにひし形のマークがついているお家よ」と言いました。「はーい」とお返事すると、お姉さんのバッグにリンゴを入れて、２人は出かけて行きました。ピョンコちゃんのお家へ行く途中、森で葉っぱを拾い、首飾りを作ることにしました。お姉さんは８枚、弟は９枚、赤や黄色の葉っぱを夢中になって拾い、とてもきれいな首飾りができました。お姉さんはバッグに首飾りを入れて、「ピョンコちゃんのお家へ行こう」と言いました。でも、２匹は夢中になりすぎて、ピョンコちゃんのお家へ行く道を忘れて、道に迷ってしまいました。途中でイヌのおまわりさんに会ったので、「ピョンコちゃんのお家はどこですか」と聞くと、おまわりさんは、とても優しくピョンコちゃんのお家に行く道を教えてくれました。２匹はピョンコちゃんのお家に無事に着きました。

①クマのお姉さんと弟はそれぞれ何枚ずつ葉っぱを拾いましたか。お話してください。
②おまわりさんは誰でしたか。
③あなただったら、道に迷った時、おまわりさんに何と聞きますか。
（問題18-１の絵を見せる）
④ピョンコちゃんのお家へ行くには、どちらの道が近いですか。指でさして教えてください。
（問題18-２の絵を見せる）
⑤ピョンコちゃんのお家のドアのマークはどれですか。指でさして教えてください。

〈時間〉　即答が望ましい

〈解答〉　①お姉さん８枚、弟９枚　②イヌ　③省略　④省略　⑤ひし形

［2015年度出題］

学習のポイント

お話を記憶するためには、登場人物や場面を具体的に想像しながら聞くのがよいと言われますが、一朝一夕にできるようになるものではありません。ふだんから読み聞かせを充分に行って、お話を聞くことに慣れさせていきましょう。物語の大筋を把握するとともに、本問における「ひし形」「イヌのおまわりさん」などのキーワードを聞き逃さないことが大切です。ふだんの読み聞かせの際、お話の途中で内容について質問するなどして、お子さまが集中してお話を聞くように指導してください。

【おすすめ問題集】
新口頭試問・個別テスト問題集
１話５分の読み聞かせお話集①・②、１話７分の読み聞かせお話集入試実践編①、お話の記憶 初級編・中級編・上級編、Ｊｒ・ウォッチャー19「お話の記憶」

問題19 分野：言葉（個別テスト）

〈準 備〉 なし

〈問 題〉 この問題の絵はありません。
・あなたのお名前を教えてください。
・今日はここまでどうやって来ましたか。
・今日は誰とここまで来ましたか。
・好きな食べものは何ですか。
・今日の朝ごはんには何を食べましたか。
・昨日の夕ごはんには何を食べましたか。

〈時 間〉 ３分

〈解 答〉 省略

［2015年度出題］

学習のポイント

先生と向き合い、面接形式で行われる言葉のテストです。先生からの質問の内容はごく平易なもので、特に高度な思考を必要とするものではありません。先生ときちんと顔を合わせ、大きな声ではっきりと、ていねいな言葉遣いで答えるようにしましょう。単語の言いっ放しで答えるのではなく、例えば名前を聞かれた場合であれば、「○山○太郎」ではなく「ぼくの名前は○山○太郎です」というように、文の形で答えるようにしてください。日常の中で、お買い物など見知らぬ大人と接触することになる機会に、そのような言葉遣いを練習し、大人と話す時の礼儀作法を学んでいくとよいでしょう。当校の登校風景を見ると、自由な雰囲気でありながら、あいさつや行動には一定の規律があるように感じられます。そのような学校生活が送れる児童が望まれていると思われますから、きちんとコミュニケーションがとれるようにお子さまを指導していってください。

【おすすめ問題集】
面接テスト問題集、新口頭試問・個別テスト問題集

問題20　分野：お話の記憶（個別テスト）

〈準備〉　なし
※あらかじめ問題20-７の③の絵の看板部分のマークを、指定の色で塗っておく。

〈問題〉　お話をよく聞いて、後の質問に答えてください。
（問題20-１～20-５の絵を紙芝居のようにめくりながらお話を読む）

▼１枚目
ウサ太郎君とウサ子ちゃんが、お母さんにお買い物を頼まれました。「ニンジンを５本、買ってきてね。ニンジンを売っているお店は、池と反対側の道を行ったところにあるからね」
▼２枚目
「いってきま～す！」２匹はお母さんからカゴを受け取ると、元気よく出かけて行きました。
▼３枚目
お母さんの言った通りの道を行くと、お店がたくさんありました。２匹は、どのお店でニンジンが買えるのかわからずに、泣き出してしまいました。
▼４枚目
そこにイヌのおまわりさんがやって来ました。イヌのおまわりさんは、２匹にやさしくお店を教えてくれました。
▼５枚目
おまわりさんが教えてくれたお店には、たくさんの野菜が置いてありました。２匹はそのお店で、お母さんに頼まれたニンジン５本を買うことができました。

①あなたがイヌのおまわりさんだったら、ウサ太郎君とウサ子ちゃんに何と声をかけますか。お話してください。
②（問題20-６の絵を見せる）
ウサ太郎君とウサ子ちゃんが通った道を、指でなぞって教えてください。
③（問題20-７の絵を見せ、③の左の四角の中の◇マークを指さしながら）
ウサ太郎君とウサ子ちゃんは、この形の赤い印のついたお店でお買いものをしました。どのお店か、指でさして答えてください。
④ウサ太郎君とウサ子ちゃんがお母さんに頼まれたものは何でしたか。正しいものを指でさして答えてください。

〈時間〉　即答が望ましい

〈解答〉　①省略　②下図参照　③下段左から２番目　④上段右端

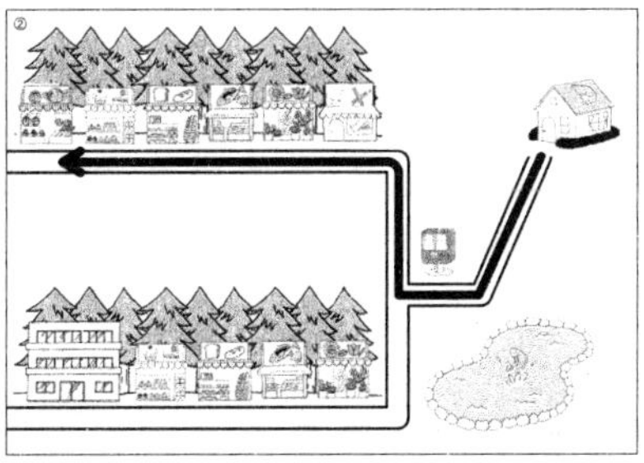

［2014年度出題］

学習のポイント

当校の「お話の記憶」の問題は、紙芝居形式で絵を見ながらお話が読み上げられるのが特徴です。お話自体も長くはなく、また複雑でもないため、お子さまにとって取り組みやすいでしょう。ただ、そのぶんだけ平均点が上がることになりますので、設問にしっかり答えられるようにしておかなければなりません。例年、口頭で答えさせる設問が用意されており、設問①のように、自分なりに考えをまとめて答える質問もあります。ふだんの読み聞かせの際に、お話の内容についての質問だけでなく、お話を聞いてどう思うか、お話のどこが面白かったかなど、感想や意見を求める質問をするとよいでしょう。お話を聞くこと、要点をつかんで指示を覚えることは、小学校受験だけでなく、入学後や社会でさまざまなことを学んでいく上でとても大切なことです。「お話の記憶」の練習を通し、それらの素養を身に付けていけるとよいでしょう。

【おすすめ問題集】

新口頭試問・個別テスト問題集、1話5分の読み聞かせお話集①・②、
お話の記憶 初級編・中級編、Jr・ウォッチャー19「お話の記憶」

対策問題

問題21 分野：運動

〈準 備〉 ボール（３～５個）、大きめのカゴまたはゴミ箱（２個）、ビニールテープ
※あらかじめ問題18のようにカゴを置き、床にテープで円と線を作っておく。

〈問 題〉 これからさまざまな運動をしてもらいます。先生のお手本をよく見てその通りにしてください。

＜ボール的当て＞
ボールを投げて、カゴに入れてください。ボールは５回投げてください。カゴに入らなかったボールは、そのままにしてください。

＜ケンパー＞
床に書いてある○に合わせて、ケンパーをしてください（２セット行う）。

＜ボール運び＞
右側のカゴに入っているボールを左側のカゴまで運んでください。「やめ」というまで繰り返して、できるだけたくさん運んでください。（20秒程度）

＜模倣体操＞
今から言う動物の真似をしてください（以下、クマ、サル、ツルなどの動物の真似をしながら体操する）。

＜立ち幅跳び＞
線のところから、できるだけ遠くへ跳んでください。

〈時 間〉 適宜

〈解 答〉 省略

学習のポイント

それぞれの課題は、年齢相応の運動能力があれば、取り立てて難しいものではありません。こうした運動の課題は、運動能力をはかるだけでなく、行動全体を観察されるものです。具体的なチェック方法や重視する観点は各小学校で異なりますが、それぞれの項目について、「できる」「できない」とチェックし、それを総合的に評価するのが一般的です。もちろん、取り組む態度以外に待機中の様子も観察の対象です。また、ボール投げで、ボールをカゴにうまく入れられなかった時、次にどうするか、ボール運びではどのように工夫して速く正確にボールを運ぶのかなど、運動能力や姿勢以外についても同様に観られています。たとえ課題ができなかったとしても、あきらめずに意欲的に取り組む姿勢を見せるだけでもよい評価は得られます。

【おすすめ問題集】
Ｊｒ・ウォッチャー28「運動」、新・運動テスト問題集

問題22　分野：運動

聞く　集中

〈準備〉　ドッジボール、コーン、フープ
※この問題は４つのグループに分かれて行う。

〈問題〉　**この問題は絵を参考にしてください。**
①（ドッジボールを渡し）ボールを大きく上に投げて落ちてくる間に３回手を叩きます。そのボールをキャッチして壁に向かって遠投します。
②（２人１組で行う）かけっこの競争をします。「よーいドン」と言ったら、走ってコーンまで行き、コーンを回って帰ってきてください。
③（２人１組で行う）ボールつきの競争をします。「よーいドン」と言ったら、ボールをドリブルしながら、コーンの間をジグザグに通り、いちばん向こうのコーンを回って帰ってきてください。帰りも、ドリブルでコーンの間をジグザグに通ります。できるだけ速く行って、帰ってきてください。
④（１人で行う）向こうに置いてあるコーンまで、ケンケンで進んでください。コーンまで行ったら、今度はフープが並んでいるところまでかけ足で行ってください。次に、並んだフープの中を両足とびでジグザグに進んでください。タイムを計ります。

〈時間〉　適宜

〈解答〉　省略

学習のポイント

指示が多く、きちんと説明を聞き取らなければならないため、運動能力と同時に指示を聞き、理解する力も観られています。また２人１組で競争することや、タイムを計測することで志願者にはプレッシャーが与えられます。実際にこのような指示があると、行動にメリハリがついたり、１人で取り組むよりもやる気がでることも多いのですが、急かされて慌ててしまい、指示を忘れてしまうお子さまがいるかもしれません。ボールをドリブルすることや高くボールを投げることが上手になるための練習とともに、制限時間内に指示されたところまで進むなど、時間を気にしながら課題に取り組む練習もするとよいでしょう。もし、お子さまがこのようのプレッシャーを苦手とするようならば、「時間を測った時の方が、上手くできているね」「２人でやるとがんばれるよね」などのように、お子さまが状況を前向きにとらえられるようなアドバイスをしておくとよいでしょう。

【おすすめ問題集】
新・運動テスト問題集、Ｊｒ・ウォッチャー28「運動」

問題23　分野：お話の記憶

聞く　知識　集中

〈準 備〉　なし

〈問 題〉　お話をよく聞いて、後の質問に答えてください。
これは秋のお話です。はるかさんは、大好きなチューリップをお庭に植えようと思っていました。でも、球根がたくさんありすぎて１人では植えられません。そこで、お友だちの太郎くんに手伝ってもらおうと思い、太郎くんのお家に行きました。すると、太郎くんのお母さんが出てきて、「ごめんね。いま、太郎はイヌの散歩で公園まで行ってるの。道を教えてあげるから公園まで行ってみて。まず、家を出てまっすぐ進んだところのポストがある角を左に曲がって。そして、そのまま進んだところの信号を渡って、次の曲がり角を左に曲がるの。その先にあるイチョウ並木を通り過ぎたところの公園に太郎がいると思うわ。あと、この地図を持っていきなさい」と、公園までの地図もくれました。はるかさんが公園に向かって歩いていると、ポストのところに男の子が見えました。太郎くんだと思いましたが、その子はサッカーボールを持っていたので人違いでした。信号を渡ったところで、イヌを見かけたのですが太郎くんのイヌではありませんでした。イヌに気を取られていると、いつのまにか行き止まりになりました。もらった地図を見て、曲がり道を曲がり忘れたことに気付いたので戻ることにしました。公園に入るとすぐに太郎くんが見つかったので、「チューリップの球根を植えるから手伝ってよ」とお願いすると、太郎くんは「いいよ」と言ってくれたので、すぐに帰って植えることにしました。２人は帰ってきて、「小学生になった頃に芽が出てくるのが楽しみだね」と話しながら、バケツいっぱいの球根を植えました。

（問題23-１の絵を渡す）
①正しい地図に○をつけてください。
（問題23-２の絵を渡す）
②今のお話には、人が何人出てきましたか。話してください。
③はるかさんが公園に行く途中で見かけた人はだれですか。
④はるかさんが好きな花はどれですか。

〈時 間〉　各20秒

〈解 答〉　①右上　②４人　③左端　④左から２番目

学習のポイント

お話はそれほど長いものではありませんが、道順の把握、理科や季節の知識についての質問が特徴です。あらすじを把握するだけでなく、描写の細かいところまで、しっかり聞き取る必要があります。本問では、正しい道順を書いた地図を選ばければなりません。道順を間違えずに覚えるためには、それぞれをシンプルな言葉で整理する方法があります。例えば本問の場合、１．ポストのところで左に曲がる、２．信号を渡ってから左に曲がる、３．イチョウ並木を通る、の３点がつかめていればよいわけです。３～４つの情報ならばすばやく覚えられるように、何度も練習を繰り返してください。また、小学校入試の問題では、一見複雑に見えても、実は基本問題と組み合わせたものであることが多いものです。お子さまと学習する際にも、複雑で難しいと感じてしまわないように、簡単な作業を何回も繰り返すだけと理解させるように工夫してください。

【おすすめ問題集】

１話５分の読み聞かせお話集①・②、お話の記憶 初級編・中級編、
Ｊｒ・ウォッチャー27「理科」、34「季節」、55「理科②」

問題24　分野：お話の記憶

〈準備〉　なし

〈問題〉　お話を聞いて後の質問に答えてください。

さきちゃんは家族で一緒にキャンプに行くことになりました。キャンプに行く日、さきちゃんは朝早く起きると、早速着替えました。お気に入りの赤いスカートを履こうとしましたが、お母さんが「山に行くのだからズボンを履いたほうがいいわよ」と言ったので、長ズボンを履きました。それから、縞模様のシャツを着て、帽子をかぶって、家を出ました。キャンプ場までは、お父さん、お母さん、弟と一緒に、車で行きました。

（問題24-1の絵を渡す）
①さきちゃんはどんな服を着ていきましたか。絵の中から選んでください。

さきちゃんたちが乗った車は、森の中を進んでいます。途中、ヒマワリ畑の横を通りました。一面に咲いた黄色いヒマワリがとてもきれいで、さきちゃんはとてもうれしい気持ちになりました。その後、みんなでしりとりをして遊んでいました。遊んでいるうちに、さきちゃんは眠くなって寝てしまいました。しばらくすると、キャンプ場に着いたので、お母さんが「さきちゃん、着いたよ」と言って、起こしてくれました。

（問題24-2の絵を渡す）
②お話の季節と同じ季節のものを、絵の中から探してください。

さきちゃんたちはキャンプ場に着きました。まずは、お父さんとお母さんが車から荷物をおろします。その間、さきちゃんは弟と一緒に近くのお花を摘んで遊んでいました。見たこともないお花がたくさんあったので、さきちゃんはお花でネックレスを作って、弟の首にかけてあげました。

（問題24-3の絵を渡す）
③１番上の段のように花をつなげ、それを輪にした時、正しいものはどれでしょうか。下の中から選んでください。

キャンプ場には、さきちゃんたちのほかにもさまざまな人が来ていました。家族で遊びに来ている人もいれば、川に魚釣りをしに来た子もいます。みんな、自分のテントを張って、思い思いに過ごしていました。

（問題24-4の絵を渡す）
④空いている部分に入る絵を、下の段から探してください。

さきちゃんが遊んでいると、お母さんが呼びました。「さきちゃん、テントを張るのを手伝って」「うん、いいよ」「ありがとう。それじゃあ、お父さんがロープを張るから、その間、さきちゃんはテントを押さえていて」さきちゃんは、言われた通りにテントを押さえました。そうして、小さな三角のテントができあがりました。

日が傾いてきました。そろそろ夕ご飯の時間です。さきちゃんたちはバーベキューを始めました。お肉、ニンジン、タマネギ、ピーマン、さまざまな食べものを焼いて、みんなで食べました。バーベキューが終わった後、さきちゃんたちは自分のテントに戻ろうとしました。ところが、周りにテントがいっぱいあるので、どれが自分たちのテントかわかりません。

（問題24-5の絵を渡す）
⑤さきちゃんたちのテントはどれですか。

〈時間〉　各15秒

〈解答〉　①右下　②スイカ、七夕の短冊（夏）　③右下　④左から２番目　⑤左上

学習のポイント

お話の途中に質問がはさまれる形式の問題です。一見複雑に見えますが、短いお話と質問の繰り返しと考えれれば、わかりやすいものばかりです。①と⑤では、お話の中で説明された細かい描写についての質問です。色、模様、形などの表現が出てきたら、頭に思い浮かべながら聞き取れるように練習を繰り返してください。慣れてくると、これらの表現が出てきた瞬間に気が付き、すぐにイメージできるようになります。②③④は、お話の流れで出題されていますが、実際には常識や図形、推理などの問題です。お話を覚えることで正解を導けるものでないからといって、聞くことをおろそかにしないように気を付けてください。

【おすすめ問題集】

1話5分の読み聞かせお話集①・②、お話の記憶 初級編・中級編、
Ｊｒ・ウォッチャー6「系列」、34「季節」、59「欠所補完」

問題25　分野：お話の記憶

〈準　備〉　なし

〈問　題〉　これからお話をします。よく聞いて、後の質問に答えてください。
明日は、テツくんの誕生日です。明日の夕ご飯は、お母さんがテツくんの好きなものを作ってくれることになっています。テツくんはお母さんに、「ぼく、カレーライスがいいな。それと、ポテトサラダ」と言いました。すると、お母さんは言いました。「オーケー。明日、いっしょにスーパーへ買い物に行きましょうね」
次の日、「おはよう」と言ってテツくんが起き出していくと、みんなはもう起きていて「お誕生日おめでとう」と言ってくれました。でも、いつも元気なお姉ちゃんの様子が、なんだか変です。お父さんが「お姉ちゃんはお腹が痛いんだって」と言うと、お母さんは「困ったわね。買い物に行けないわ。お父さんはお仕事があるし」と言いました。するとお父さんが、「そうだ、テツ１人で行ってくれるかい。カレーの材料と、サラダの材料。テツももう６歳になったんだから、１人で大丈夫だね」と言いました。テツくんは、とても不安でした。でも、お姉ちゃんが病気なので、そんなことも言っていられません。テツくんは勇気を出して、買い物に行くことにしました。お母さんのお財布を預かり、買い物用のしましまバッグに入れると、急に胸がドキドキしてきました。
スーパーまでは少し遠いのでいつも自転車で行きますが、道は簡単です。門を出たらまず左へ行って、お地蔵さんの立っている角を右へ曲がったら、あとはそのまままっすぐ進むだけです。お天気もよく、気持ちのよい風が吹いていて、テツくんはスイスイと自転車を飛ばし、あっという間にスーパーへ着きました。
「まずはジャガイモ、それから、あんまり好きじゃないけどニンジン、そうだ、タマネギも」と、野菜をカゴに入れていきます。「カレーはこれでよし。ポテトサラダの材料は、キュウリ、ハム、あとは玉子だね」次々と材料をカゴに入れていくうちに、さっきまでの不安な気持ちは、どこかに吹き飛んでしまいました。
「そうだ、リンゴも買っていこう」テツくんは、お姉ちゃんの病気がよくなるようにと思って、お姉ちゃんの大好きなリンゴもカゴに入れました。テツくんはカゴをレジに運んでいきましたが、そこで急に「あっ」と言うと、売り場へと引き返しました。「危ない危ない、お肉を忘れるところだった」お肉も忘れずに、カゴに入れて、レジへ行きました。
「ただいま～」家へ帰ると、お母さんが「テツがんばってくれたおかげで、みんな大助かりよ。どうもありがとう」と言ってくれました。お姉ちゃんは「テツのおかげでゆっくり休めたわ。お薬も飲んだし、もう大丈夫よ」と言いましたが、まだ少し元気がないようです。テツくんは、「そうだ、お姉ちゃんにおみやげがあるんだ」と言って、リンゴを出してお姉ちゃんの手に渡しました。お姉ちゃんはニッコリ笑って、「ありがとう。テツはがんばり屋さんなだけじゃなくて、優しいんだね」と言いました。

（問題25の絵を渡す）
質問を聞いて、正しいものを指さしてください。
①テツくんが持って行ったバッグはどれですか。
②テツくんは、何を使ってスーパーへ行きましたか。
③テツくんが、スーパーへ行く時に目印にしたものは何ですか。
④テツくんがスーパーで買うのを忘れそうになったものは何ですか。
⑤テツくんがスーパーでお姉ちゃんのために買ったものは何ですか。

〈時　間〉　各15秒

〈解　答〉　①しましまのバッグ　②自転車　③お地蔵さん　④お肉　⑤リンゴ

学習のポイント

お使いをテーマにしたお話です。お子さまの日常にありそうな状況なので、場面をイメージしながら、聞き取りやすかったのではないでしょうか。しかし、買ったものの種類をすべて把握することは、なかなか簡単にはできないものです。お話の流れを覚える時に、行ったお店や買ったものなどを補いながら、場面を具体的に頭に思い浮かべられることが大切です。その練習として、ふだんの読み聞かせの際に、途中でお話を止めて、「いまどこにいるの」「そこには何が売っているの」などと、お子さまがお話の場面をイメージすることの手助けになるような質問をするとよいでしょう。慣れるまでは、聞き取りやすいように工夫をしながら読み、ある程度上手にお話を聞き取れるようになったら、実戦的な読み方で練習をするようにしてください。なお、実際の試験でお話が読み上げられる時には、子どもにわかりやすいような配慮は特にされません。試験直前の練習では、速度を一定に保ち、あまり抑揚をつけずにお話を読むようにしましょう。

【おすすめ問題集】

１話５分の読み聞かせお話集①・②、１話７分の読み聞かせお話集 入試実践編①
お話の記憶 初級編・中級編・上級編、Ｊｒ・ウォッチャー19「お話の記憶」

問題26　分野：常識

〈準備〉　なし

〈問題〉　イヌくんは、とっても気が弱いので、周りの子に話しかけることが怖くてできません。今日もイヌくんは１人で学校へ通います。春の日差しが温かくてとてもよいお天気です。とっても気持ちがいいので、１人で通うさびしさも忘れてしまいます。あたりを見渡すと、お花がたくさん咲いていました。

イヌくんが歩いていくと、池の方から楽しそうな声が聞こえてきました。近づいてみると、オタマジャクシたちが仲良く泳いでます。イヌくんは思い切って「おはよう」と言ってみました。するとオタマジャクシたちも「おはよう」と返事をしてくれました。イヌくんは、「返事をしてくれた。うれしいな」と思いました。池には、オタマジャクシたちのほかにも、たくさんの魚たちが泳いでいました。魚たちは声をそろえて、「いっしょに踊ろうよ」と言いました。イヌくんはうれしくなって、池のまわりでダンスをしました。一緒に踊っているうちに、イヌくんはオタマジャクシや魚たちとすっかり仲良くなりました。「そろそろ学校へ行かなきゃ。また遊ぼうね」そう言ってイヌくんは、学校へ向かって走り出しました。

（問題26-１の絵を渡す）
①右の絵と左の絵をくらべて、違っているところはどこですか。

今日は学校のみんなで海へ行って、潮干狩りをします。海へ向かう電車の中で、クラスのみんなは楽しそうにはしゃいでいます。「あたし、貝を10個とるよ」ウサギさんがいいました。「ボクのお弁当見て。すごいでしょ」クマくんは自慢のお弁当をみんなに見せています。「僕にも話しかけてほしいな」イヌくんはみんなが話しかけてくれるのを待っています。でも、誰も話しかけてくれません。

（問題26-２の絵を渡す）
②電車の中や電車に乗るときに、してはいけないことはどれですか。

電車がバスが海に着きました。海はとっても広くて、あたり一面真っ青です。遠くにはヨットが見えます。その周りを、カモメがたくさん飛んでいます。「わあ、海は広いね」とイヌくんがいうと、「そうだね。はじめて見たからびっくりだよ」とクマくんが答えました。「そうか、僕から話しかけると、みんな答えてくれるんだ」イヌくんはドキドキしながら、もう１回クマくんに声をかけました。「いっしょに潮干狩りをしようよ」イヌくんが声をかけると、「うん、たくさん取ろうね」クマくんは笑顔で返事をしてくれました。イヌくんとクマくんは、一緒に海岸へ向かいました。

これからみんなで潮干狩りをします。カバ先生は、「潮干狩りに夢中になって、遠くに行ったり、海に入ったりしないように気を付けましょう」と注意をしました。イヌくんは、「僕にもたくさん取れるかな」とウサギさんとネコさんに話しかけました。するとウサギさんは、「貝の見つけ方を教えてあげるね」と笑顔で答えてくれました。「あっちがいいと思うよ」ネコさんもいいます。「じゃあ、誰がたくさんとるか、競争しよう」とクマくんが言い、みんなで潮干狩りを始めました。

（問題26-３の絵を渡す）
③海でしてはいけないこととして、カバ先生が注意したことは何でしたか。

しばらくして、「さあ、取った貝を数えよう。僕は６個だ」クマくんがいいました。「あたしは８個」ネコさんはうれしそうです。「わたしは５個よ」ウサギさんも元気な声で言いました。「僕は３個だ」イヌくんは残念そうです。１番多く貝を取ったネコさんが、「あたしの貝をわけてあげるね」と言って、貝を２つくれました。「思い切って話しかけてみてよかった。お友だちっていいな」イヌくんは、お友だちができて、貝ももらえて大よろこびです。

（問題26-４の絵を渡す）
④貝を１番たくさん拾ったのは誰ですか。

〈解 答〉　①②下図参照　③右上　④右端（ネコ）

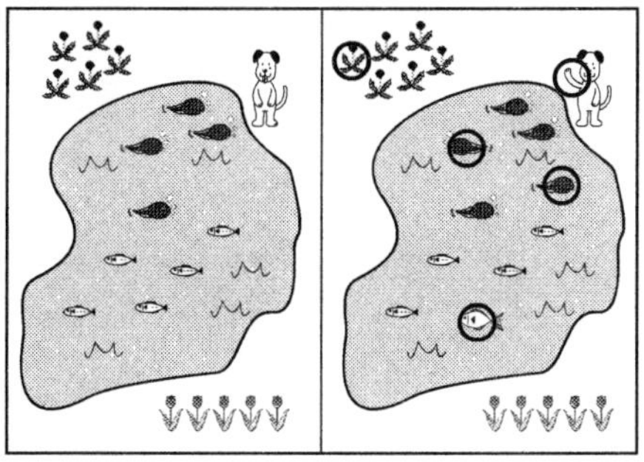

学習のポイント

本問も、お話と質問が交互に繰り返される形式の問題です。短いお話を聞き、その内容からの質問に答えると思い込みがちですが、実際には、間違い探し、マナーの問題など、お話の内容とは関わりが薄い問題も含まれています。だからと言って難しいものではありませんが、当校の受験をするにあたって、この形式に慣れ、聞くことと答えることの切り替えをできるように練習しておきましょう。また、回答方法が口頭試問形式であることも、当校の特徴の１つです。この２つの出題形式をとる小学校は少ないため、同じ傾向の練習材料はなかなか見つかりません。そこで、ふだん読み聞かせているお話を、当校の形式にアレンジして使用するなどの工夫をして、より実戦的な練習に取り組んでください。

【おすすめ問題集】

新口頭試問・個別テスト問題集
１話５分の読み聞かせお話集①・②、お話の記憶 初級編・中級編、
Ｊｒ・ウォッチャー19「お話の記憶」、56「マナーとルール」

問題27　分野：見る記憶

〈準 備〉　なし

〈問 題〉　（問題27-１の絵を渡す）
この絵をよく見て、覚えてください。
（15秒後、問題27-１の絵を伏せ、問題27-２の絵を渡す）
前に見た絵にあったものはどれですか。答えてください。

〈時 間〉　15秒

〈解 答〉　上段中央

学習のポイント

１枚目で覚えたものと同じ絵を、２枚目から探します。この問題では、絵の特徴をとらえる観察力が求められています。短時間で描かれているものを覚える時は、全体から細部へと目を配るようにすると特徴がとらえやすくなります。本問の場合、まず一目で、バス（できれば灰色のバス）の絵であることをつかみます。次に、目を上から下へ動かしながらバスを観察すると、白い屋根、灰色の車体、白い窓が４つ（または、四角い窓が３つ）、灰色のフチのドア、白いライト、白い線、中央が白いタイヤが目に入ってきます。色、形、名称など、注目する点はいくつもありますが、例えば「白い屋根」のように、そのうちの２つを組み合わせて覚えられるようになると、より具体的に特徴がつかめるようになります。すべてを覚えなければいけないものではありません。このうち２～３ヶ所の特徴を確実に覚えられれば、問題を解くには充分でしょう。実際に問題24-２の絵を見ると、灰色の車体のバスの絵は３つしかありません。しかも、その中で屋根が白いものは１つだけです。このように、絵の全体像をつかんだ上で、特徴を順番にチェックし、２～３ヶ所の特徴をしっかり覚えればよいのです。何種類かの絵を使って、実際に目の配り方を練習してみてください。自然と目配りの力が伸びてきます。

【おすすめ問題集】
Ｊｒ・ウォッチャー20「見る記憶・聴く記憶」

問題28　分野：見る記憶

〈準 備〉　なし

〈問 題〉　（問題28-１の絵を見せる）この絵をよく見て、覚えてください。
（15秒後、問題28-１の絵を伏せ、問題28-２の絵を渡す）
左上のマスにいたのは、どの動物ですか。

〈時 間〉　15秒

〈解 答〉　左端（ペンギン）

学習のポイント

９つのマスの中に描かれているものと、その位置を覚えます。前問で説明した目の配り方と、ほぼ同じ方法で覚えられます。例えばはじめに、９つのマスに動物の絵が４つあることを把握し、次に左上から右方向へ、ペンギン、空白、ウサギ、真ん中の段は空白、ネコ、空白、下の段は空白、イヌ、空白という順に確認していきます。この時、絵が描かれているマスだけを覚えるのではなく、空白も気に留めながら覚えるようにするとよいでしょう。今回は絵を横に見ていきましたが、縦に目を動かしたり、右から確認しても問題はありません。さまざまな覚え方の中から１番把握しやすい方法を見つけ、その方法を繰り返し練習するとよいでしょう。そのためにも、お子さまが上手く把握できた時に、どんな目の配り方をしたのか聞き取ってください。そして、「そう。〇〇したら、上手くできたんだね」と、オウム返しに言葉にすると、お子さまも自分がしたことを理解でき、より覚える力が伸ばせます。

【おすすめ問題集】
Ｊｒ・ウォッチャー20「見る記憶・聴く記憶」

問題29　分野：記憶（見る記憶）

〈準 備〉　鉛筆

〈問 題〉　この絵をよく見て覚えてください。
（問題29－１の絵を15秒間見せる。15秒後、問題29－１の絵を伏せ、問題29－２の絵を渡す）
先ほど見せた絵で、イヌがいた場所に○、カエルがいた場所に×を書いてください。

〈時 間〉　15秒

〈解 答〉　下図参照

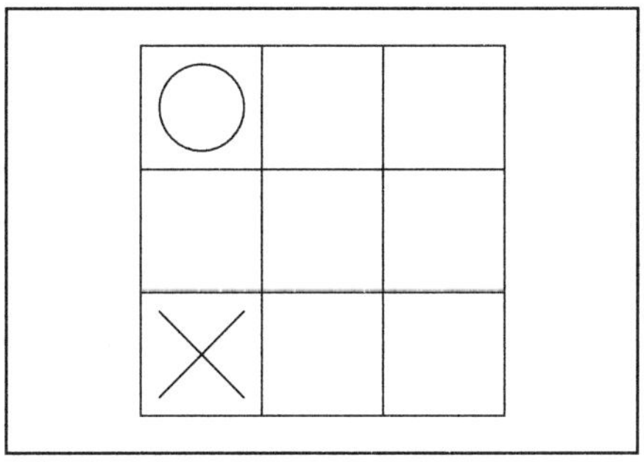

学習のポイント

「見る記憶」と「置き換え」の複合問題です。記憶した絵をそれぞれ区別して置き換えなければいけないので、思っている以上に難しい問題です。はじめに見本を見て、９匹の動物とその位置を覚えます。ここは、前問と同じ要領で進めるとよいでしょう。そのあとで、指示に従って記号に置きかえます。どの動物を置き換えるのかは覚えた後で指示されます。イヌとカエルの場所を一度に思い出そうとすると、置き換える記号を忘れてしまったり、混乱したりするかもしれません。まずはイヌを置き換え、次にカエルを置き換えるというように、１つひとつ順番を決めて取り組んでください。練習の時にも、順番どおりに進めることが大切です。その際、２つの作業を同時にさせないようにすることもポイントです。

【おすすめ問題集】

Ｊｒ・ウォッチャー20「見る記憶・聴く記憶」、57「置き換え」

問題30　分野：常識（マナー）

〈準 備〉　なし

〈問 題〉　絵の中で、してはいけないことをしている子は誰ですか。なぜ、それはいけないのですか。

〈時 間〉　１分

〈解 答〉　下図参照

学習のポイント

動物園でのマナーに関する問題です。してはいけないことを選ぶだけでなく、その理由を相手に伝わるように説明することが求められている点で、難しいといえる問題です。理由を説明する場合には、「状況の説明」と「理由」を組み合わせるとわかりやすくなります。例えば、ライオンのそばで花火をしている子の場合、「動物園（のように人の多い場所）で花火をしている」という状況に、「危ないから」という理由を組み合わせて、「動物園（のように人の多い場所）で花火をしているのは危ないから」というように答えるのがよいでしょう。その際に気を付けなければいけないのは、「動物園で花火をしているから」のように、状況の説明に「～から」を加えただけの形で答えてはいけないということです。この表現では、肝心の理由が説明されていません。必ず「危ないから」「迷惑だから」「〇〇だから」のように、直接の理由を答えられるようにしてください。

【おすすめ問題集】

Ｊｒ・ウォッチャー56「マナーとルール」

問題4

①テープに触らないように進む。

②丸い石の上を、落ちないように渡る。

③平均台を渡り、ボタンを押す。

④ケンケンパで進む。

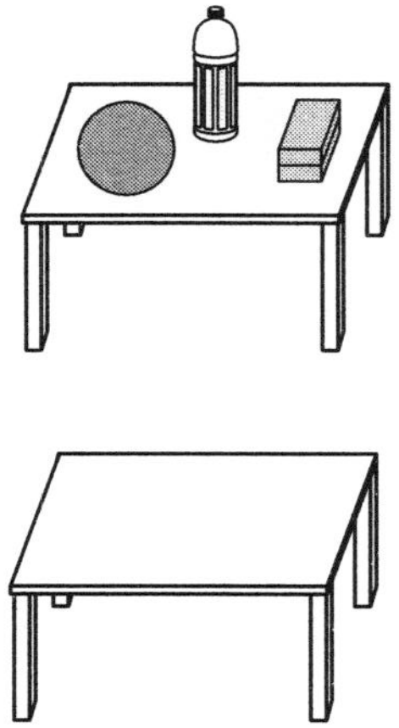

⑤机の上のものを、トレーに載せて運ぶ。

2022 年度 附属鎌倉小学校 過去・対策 無断複製／転載を禁ずる 日本学習図書株式会社

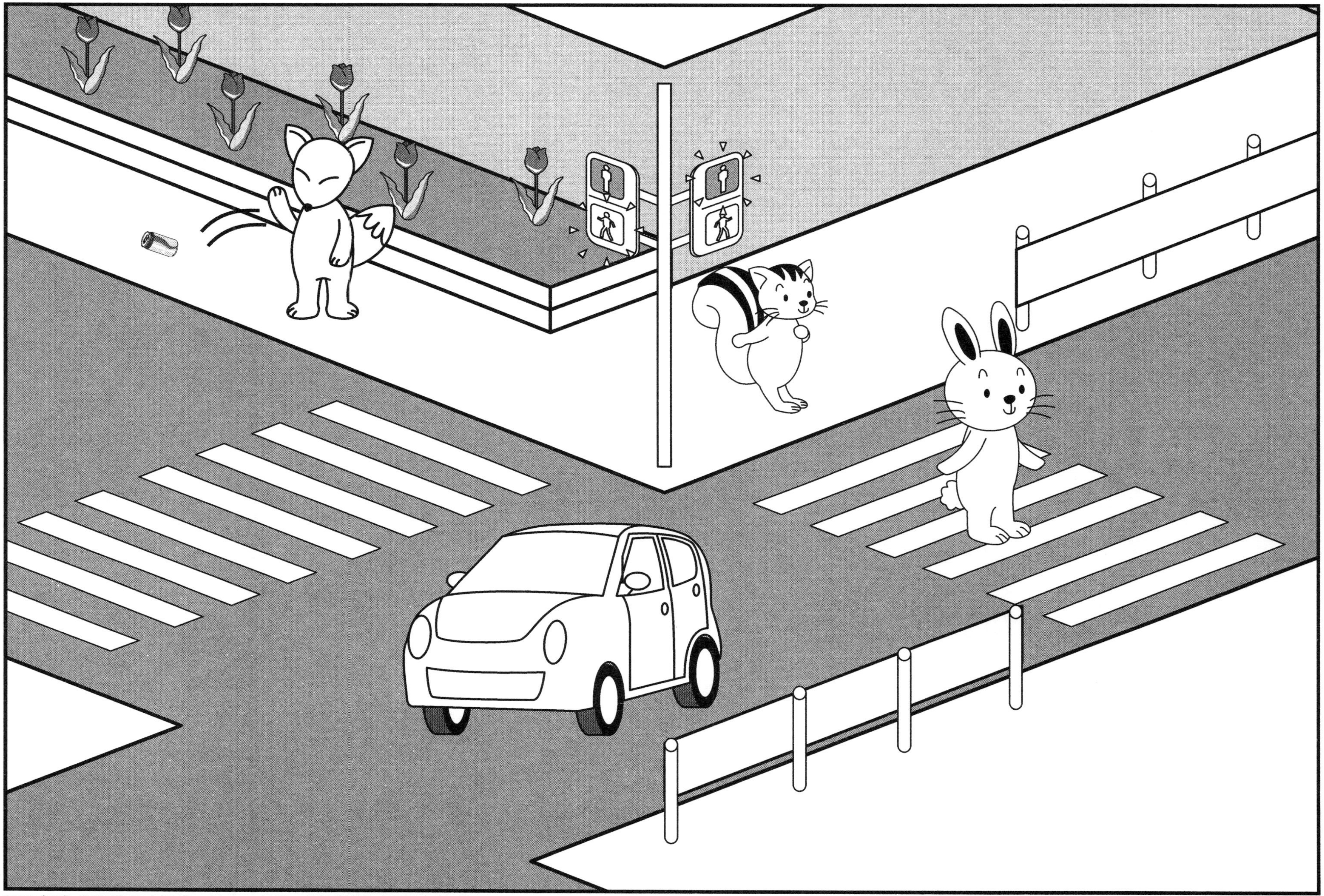

問題5－2

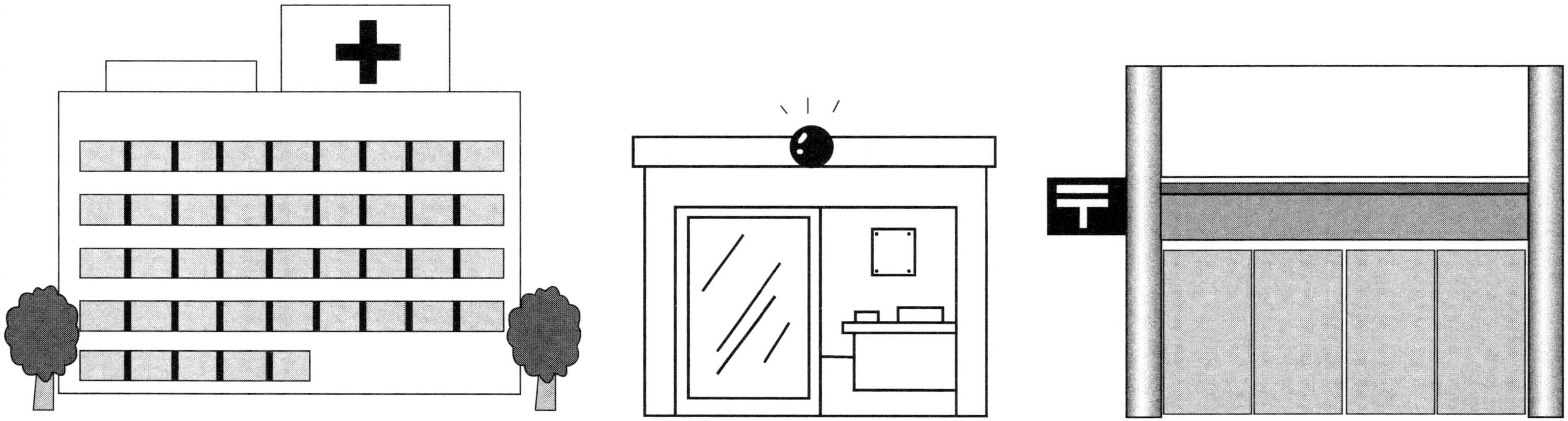

2022 年度　附属鎌倉小学校　過去・対策　無断複製／転載を禁ずる　　　　　日本学習図書株式会社

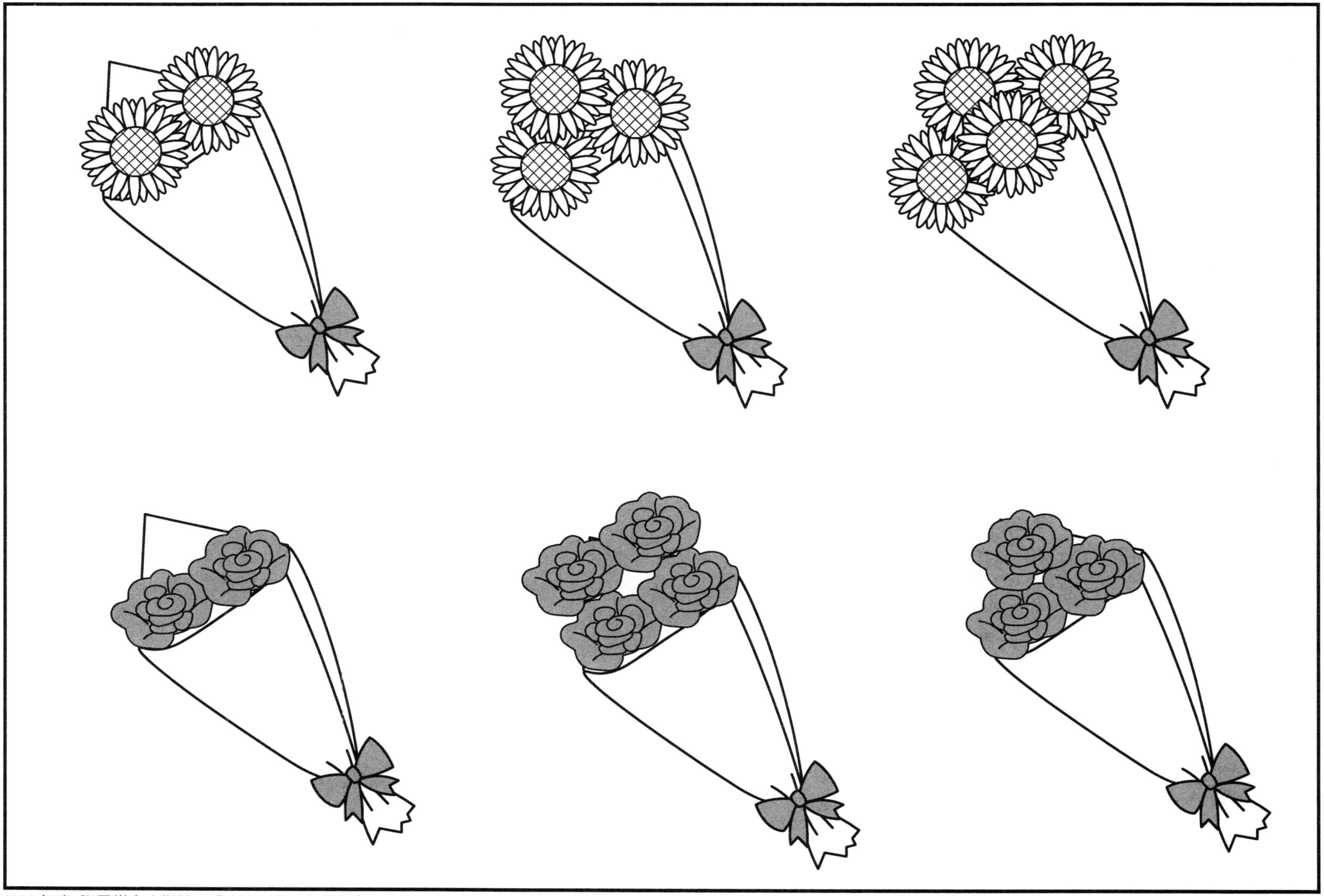

問題７－１

2022 年度 附属鎌倉小学校 過去・対策 無断複製／転載を禁ずる 日本学習図書株式会社

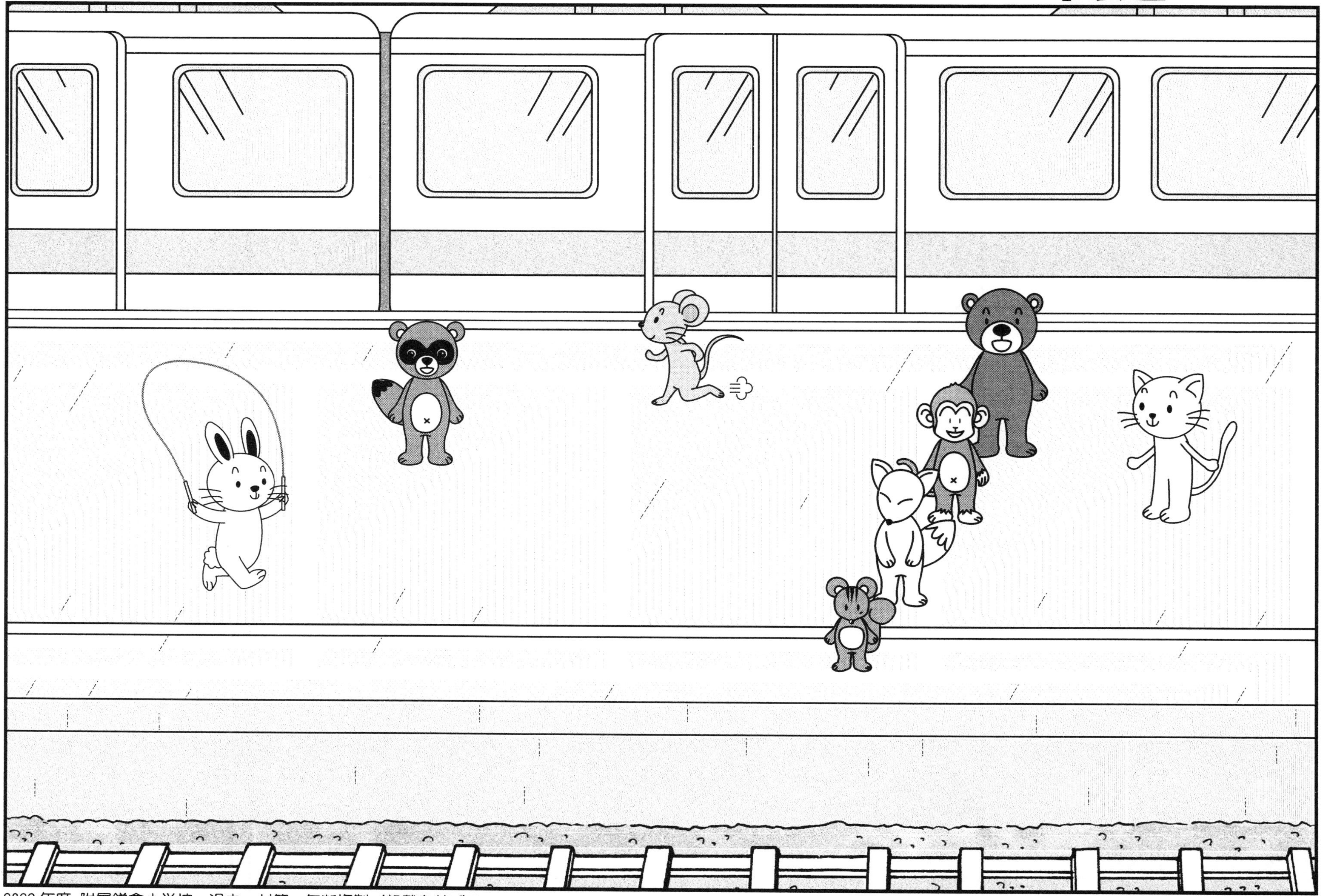

問題 7 - 3

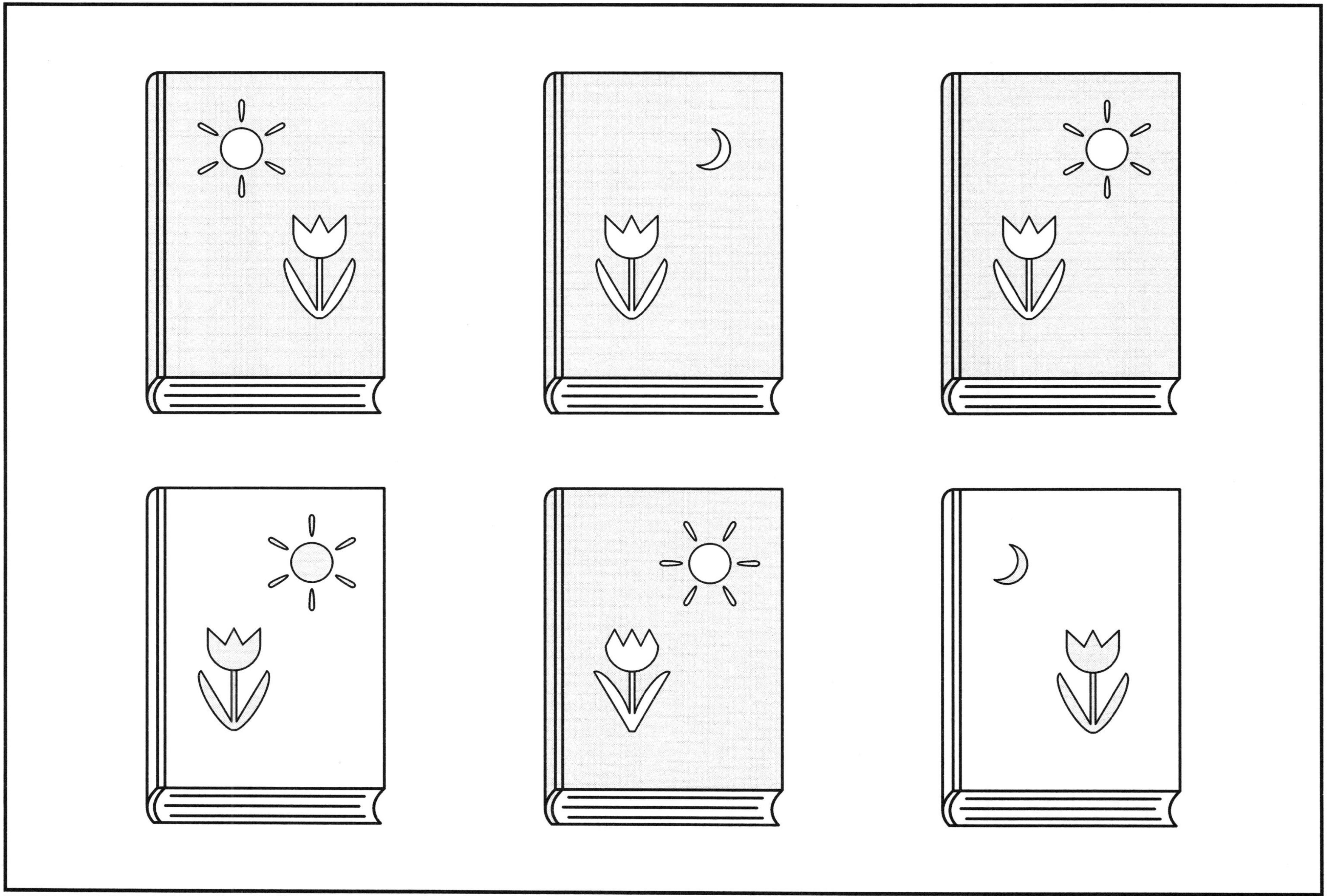

問題9

1．テープに触れないようにゴールへ行く。

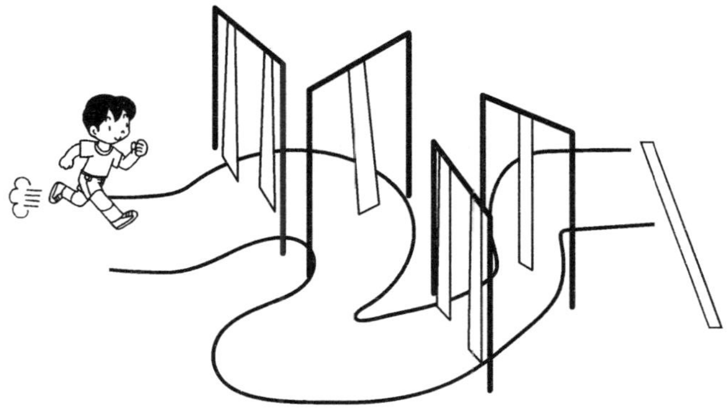

2．平均台を渡る

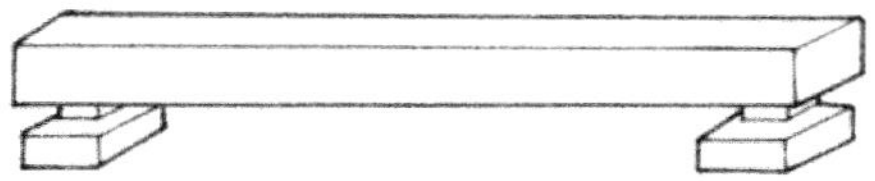

3．枠に合わせてケンパー

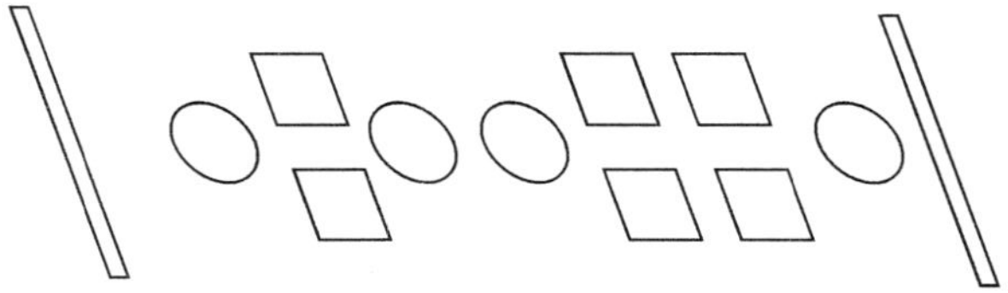

・トレーを持ってスタート、指示通りのものを載せてゴールまで進む

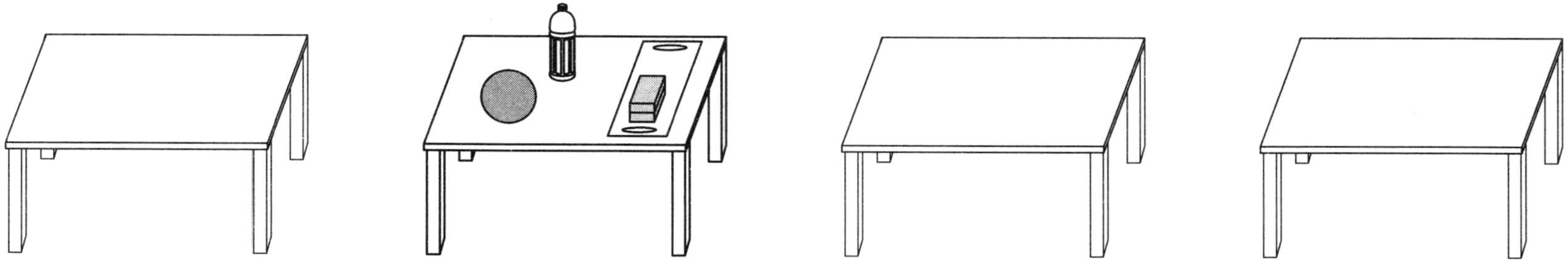

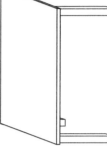

問題１０－１

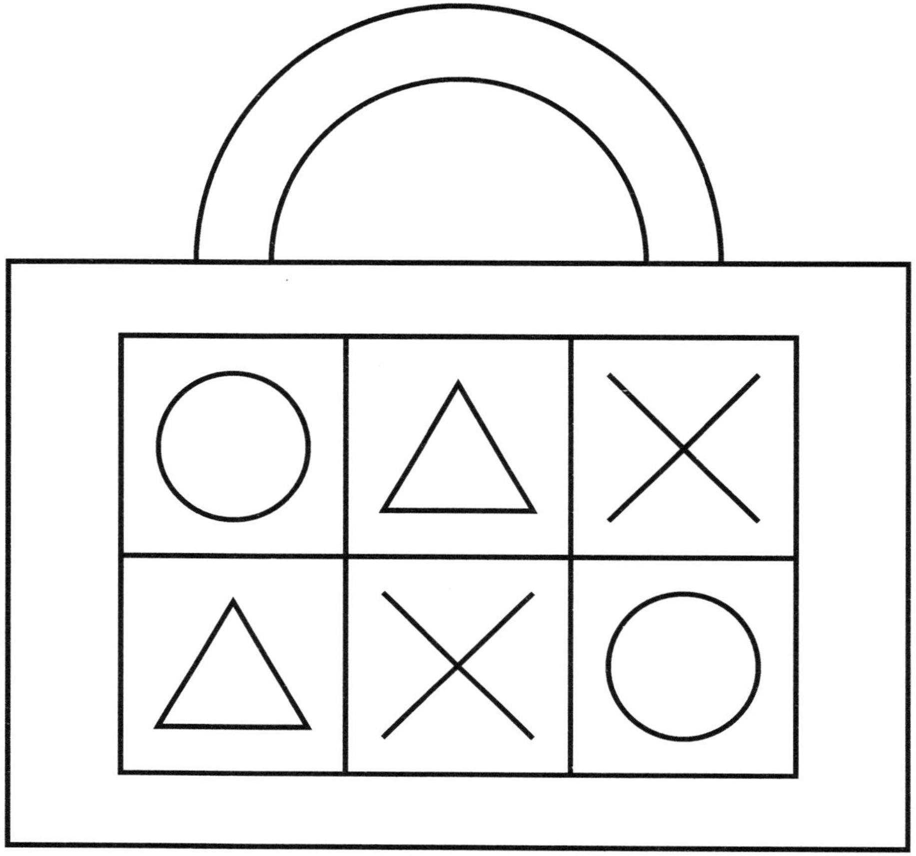

2022 年度 附属鎌倉小学校 過去・対策 無断複製／転載を禁ずる 日本学習図書株式会社

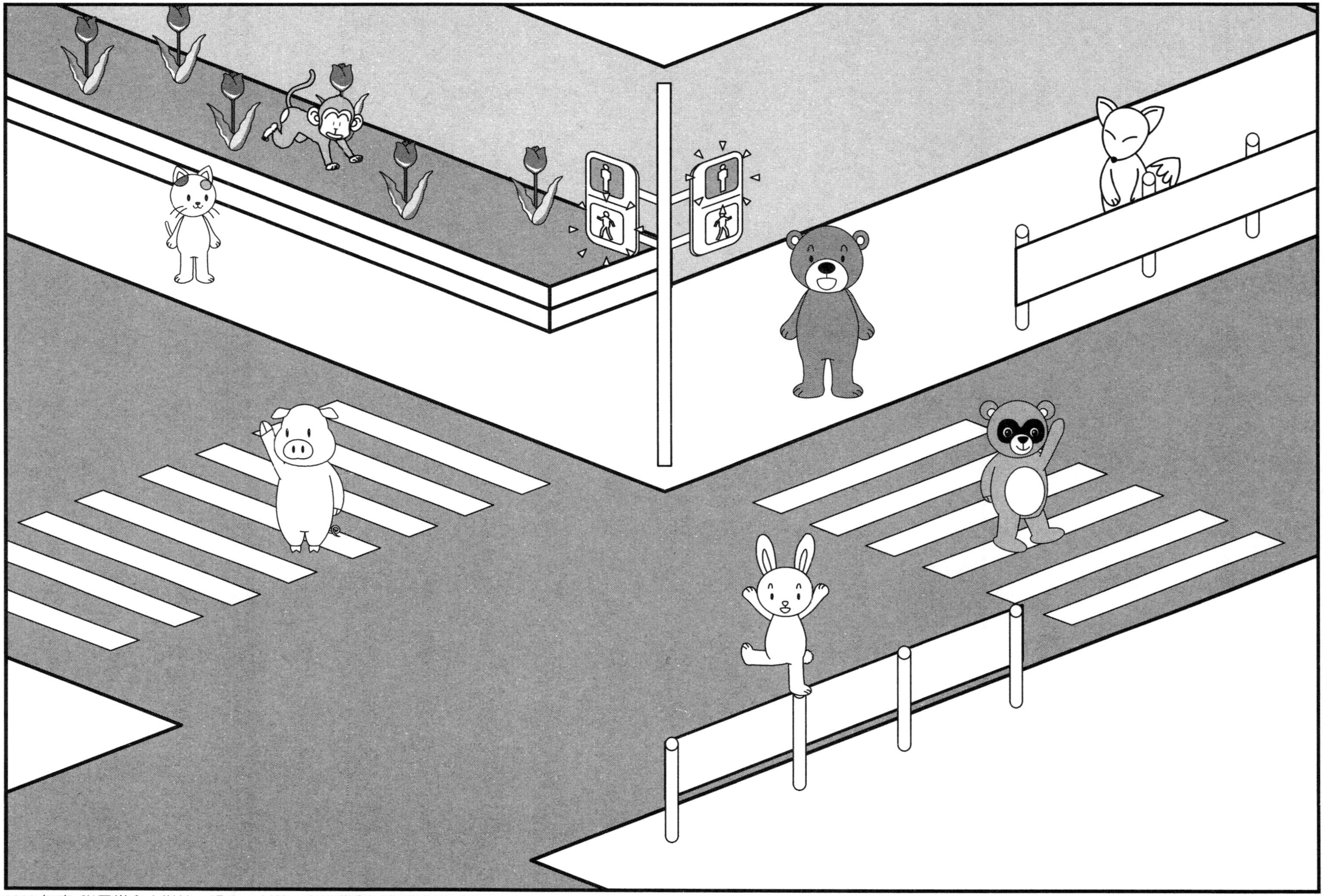

問題１０－３

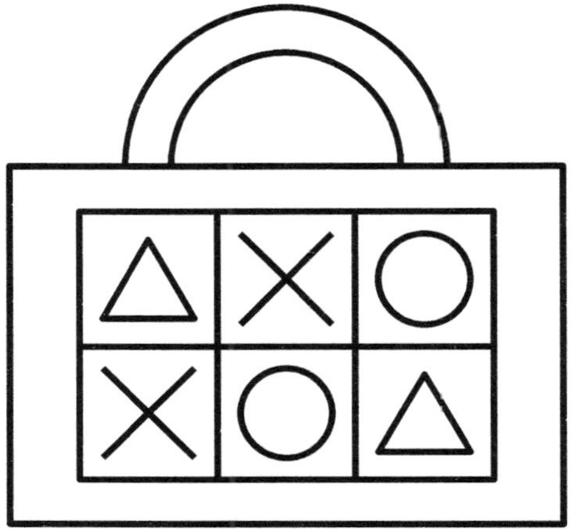

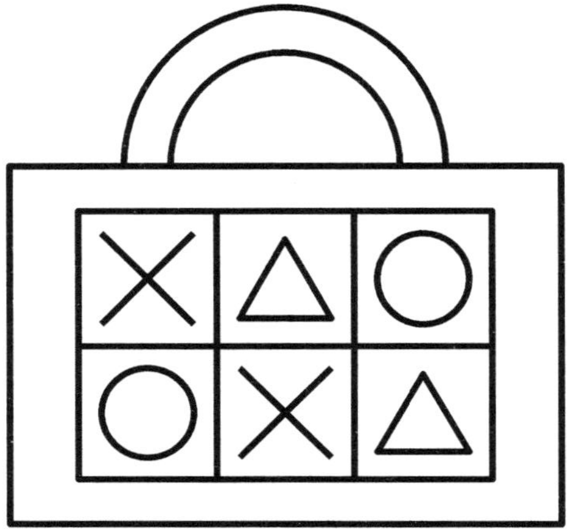

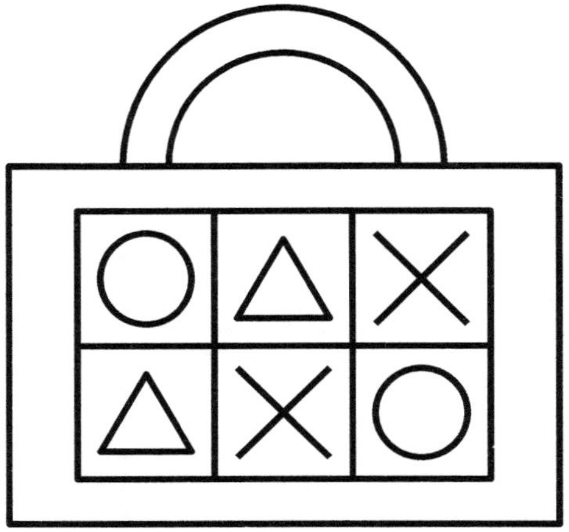

問題12

①ティッシュ箱を踏まないように平均台を渡る。

②テープに触れないようにゴールまで進む。

③ペットボトルを拾ってゴールまで進む。

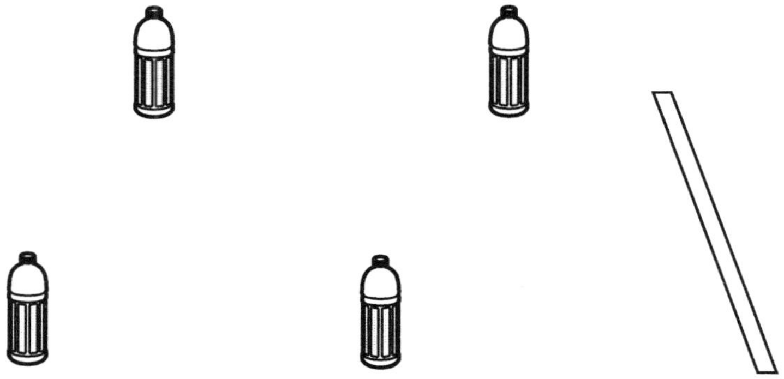

④枠に合わせてケンパーしながら進む。

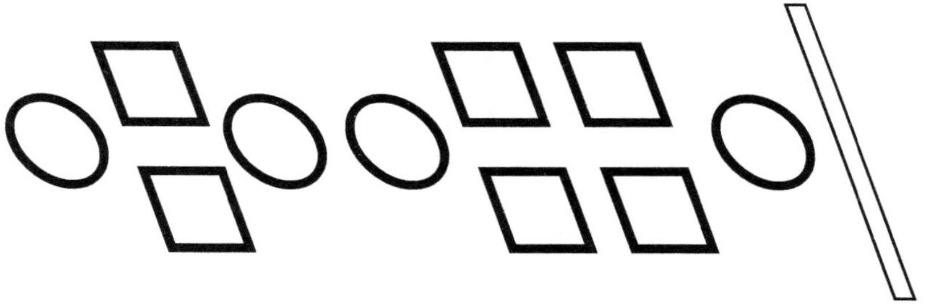

問題１３－１

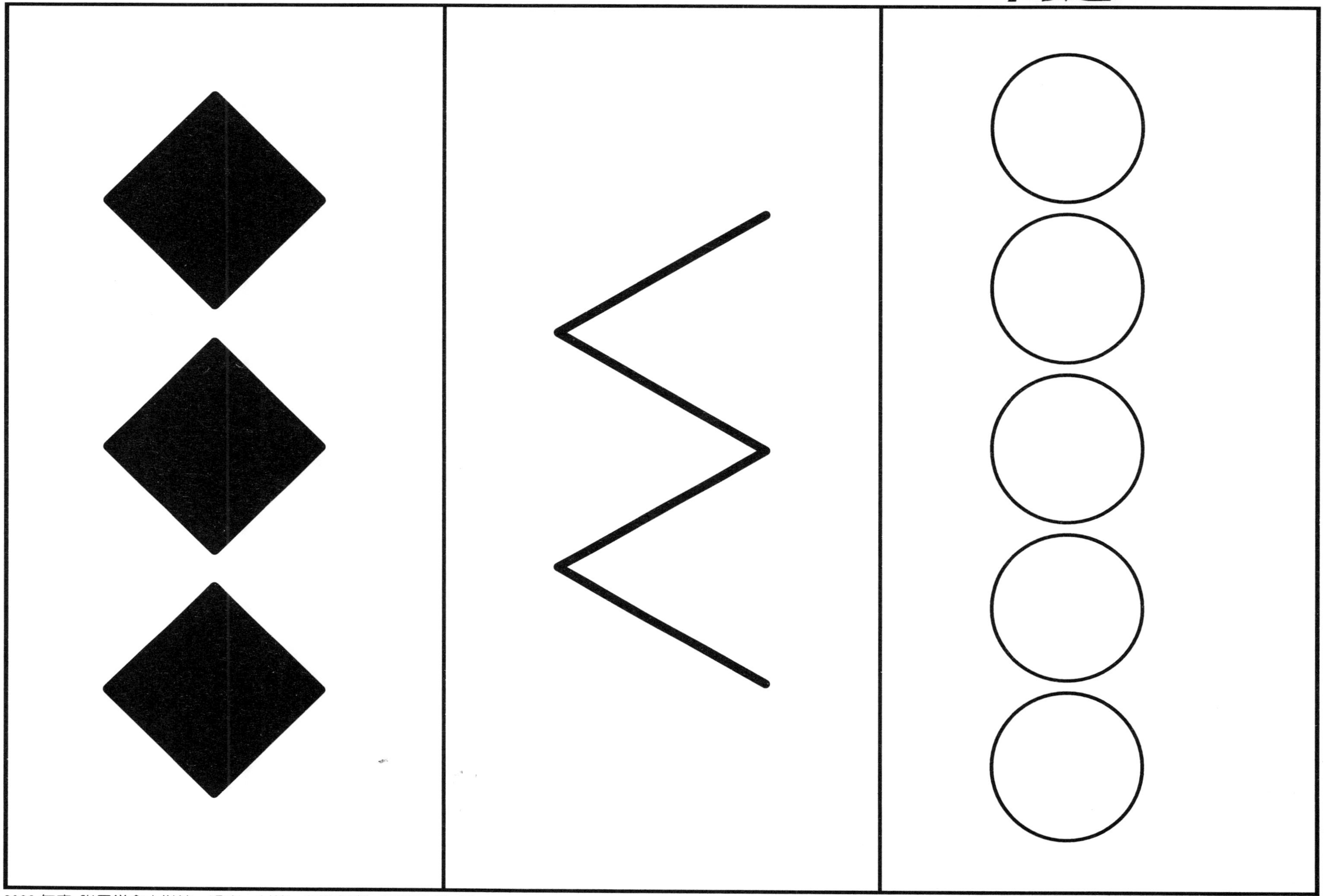

問題１３－２

問題13−3

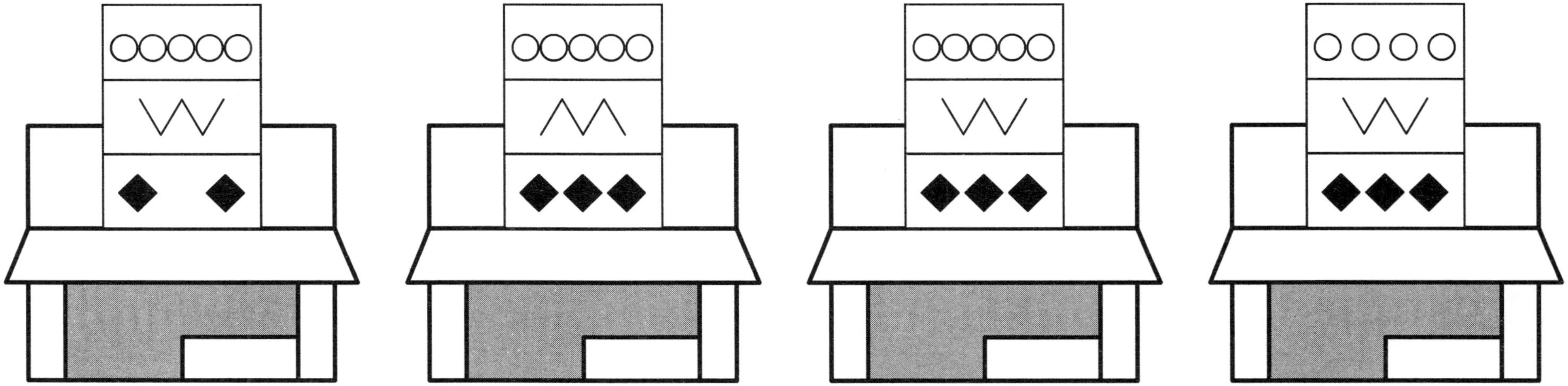

問題15

① 鉄棒にぶら下がって端まで進む

② ケンパーで進む

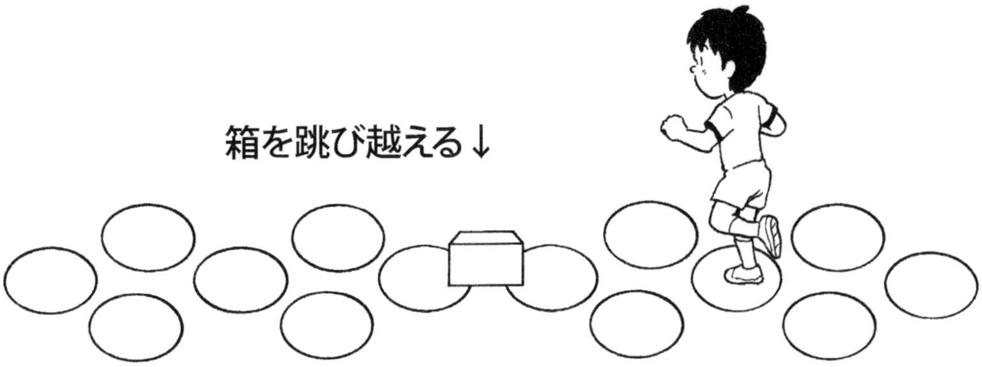

③ 平均台を渡る

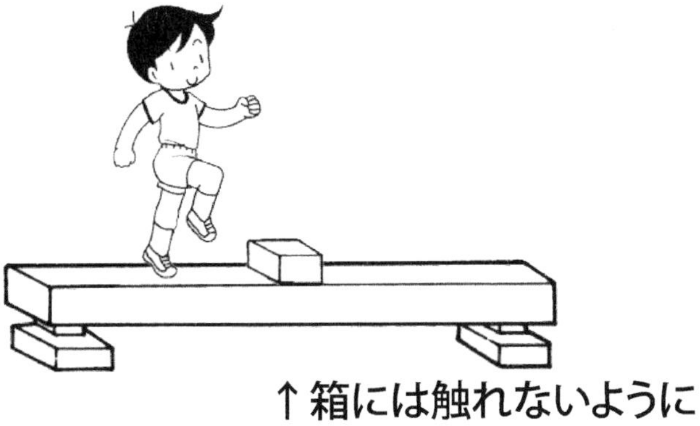

④ 先生が揺らす棒に
当たらないように
白線の間を進む

問題16－1

問題16－2

問題１８－１

問題18－2

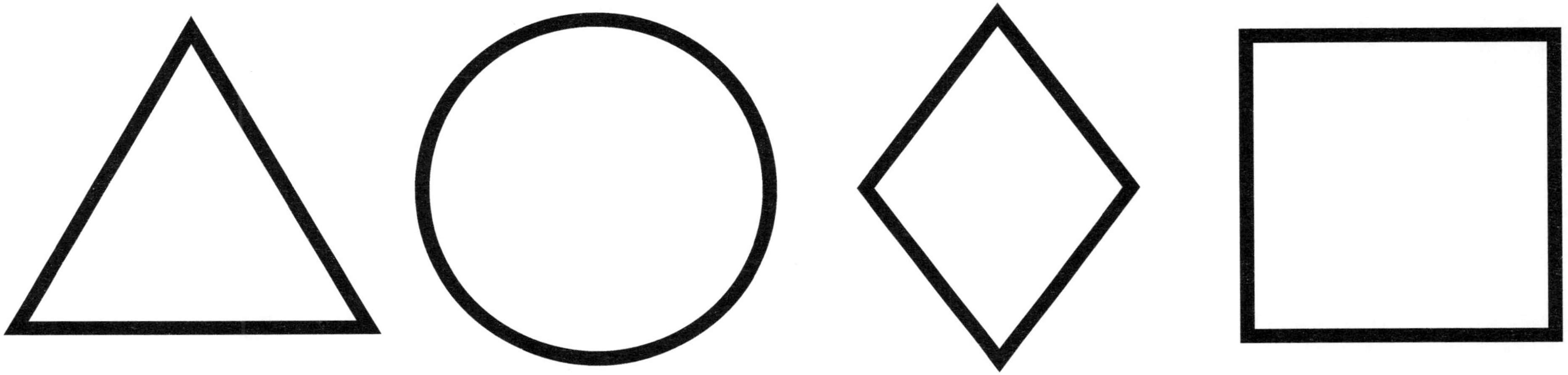

問題２０－１

問題20-2

2022年度　附属鎌倉小学校　過去・対策　無断複製／転載を禁ずる　　　日本学習図書株式会社

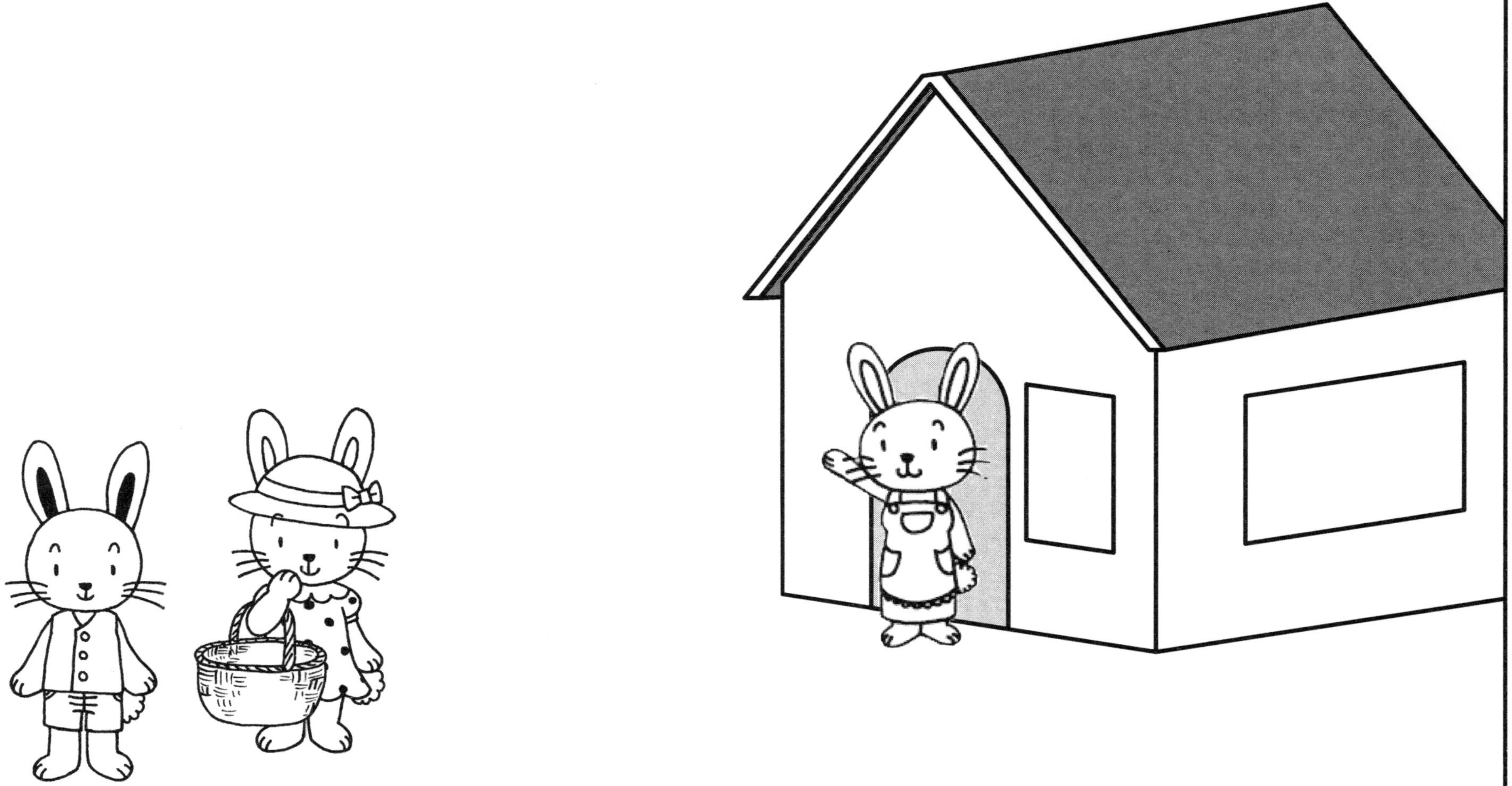

問題２０－３

2022年度 附属鎌倉小学校 過去・対策 無断複製／転載を禁ずる 日本学習図書株式会社

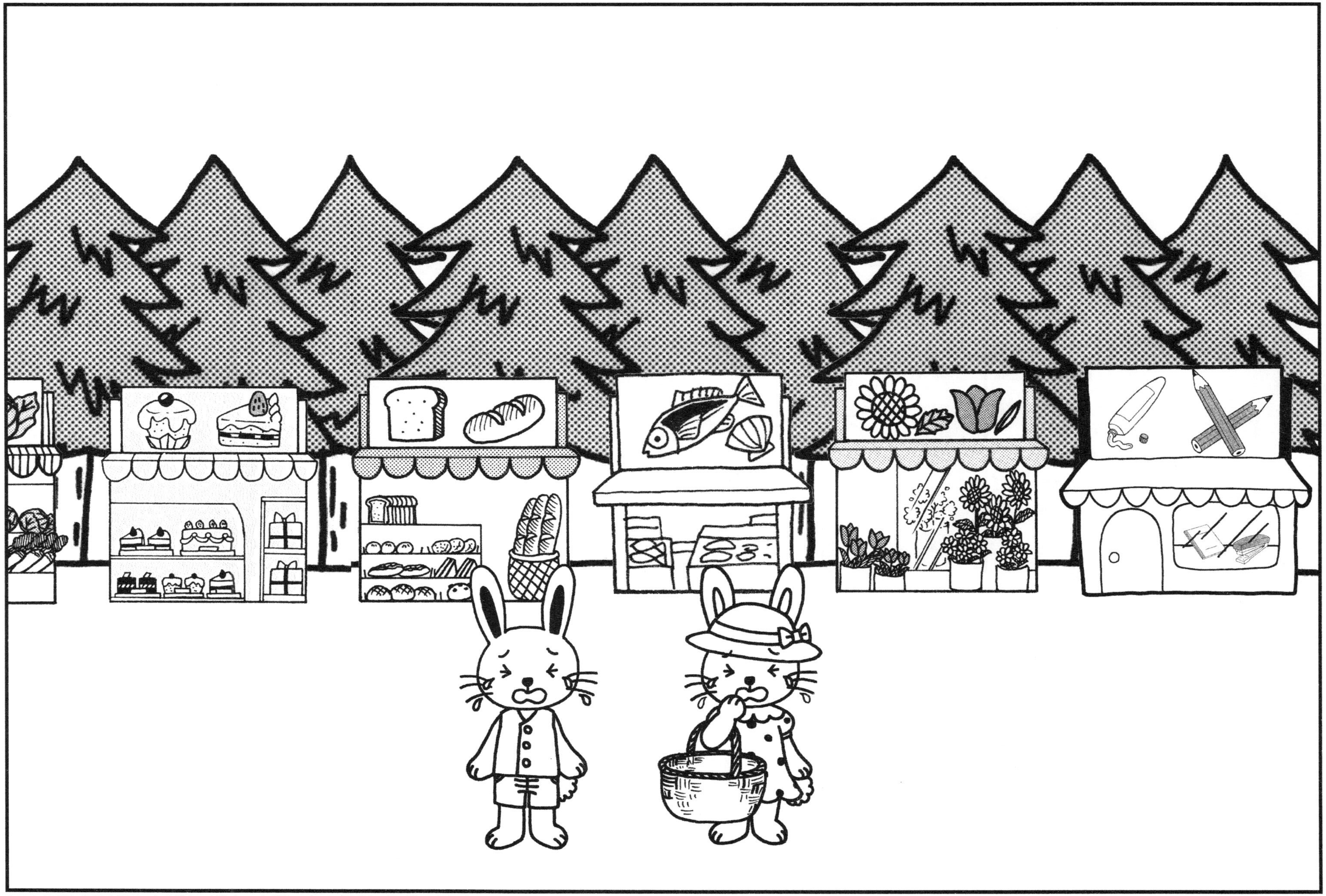

問題20－4

問題２０－５

問題２０－６

②

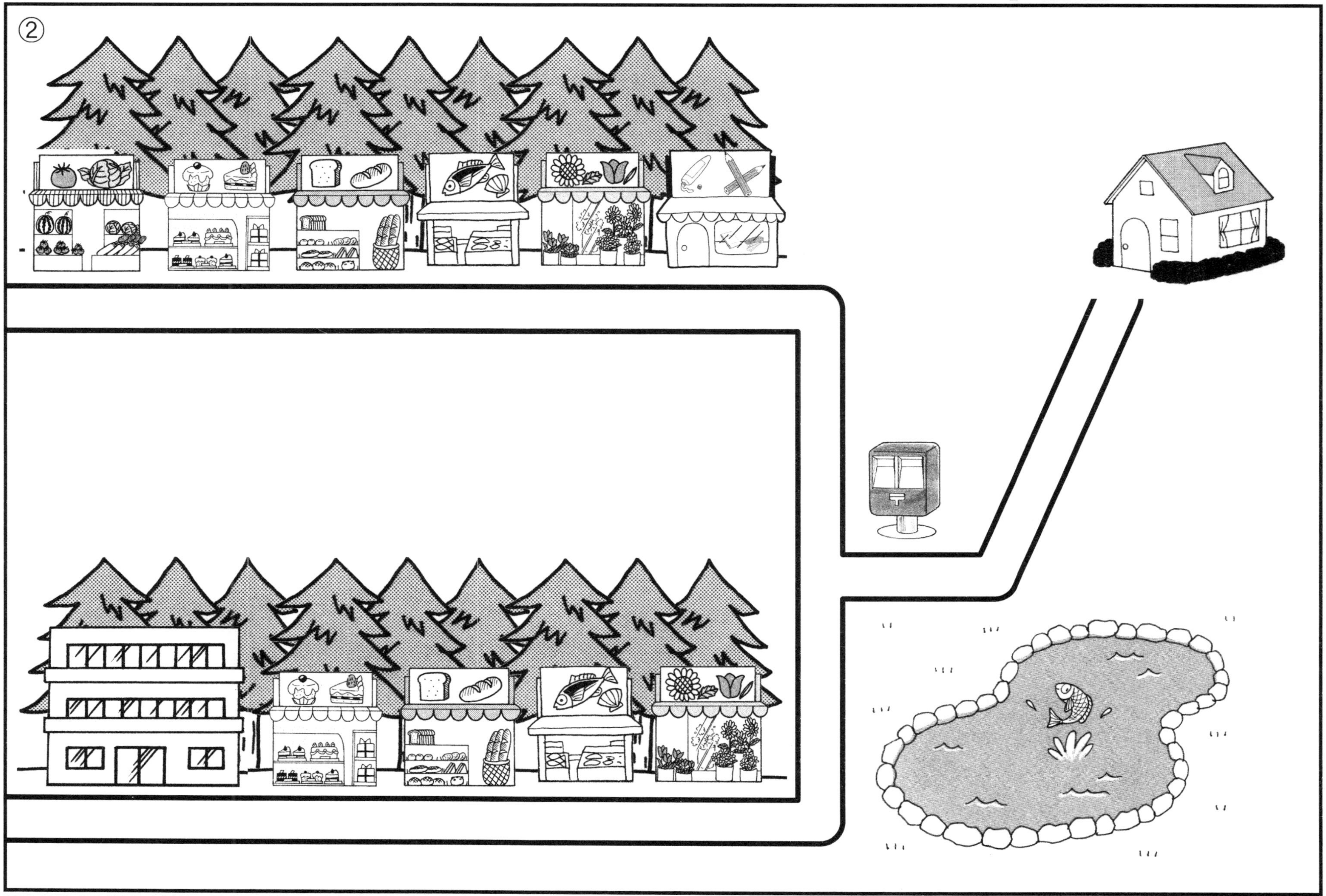

問題２０－７

③

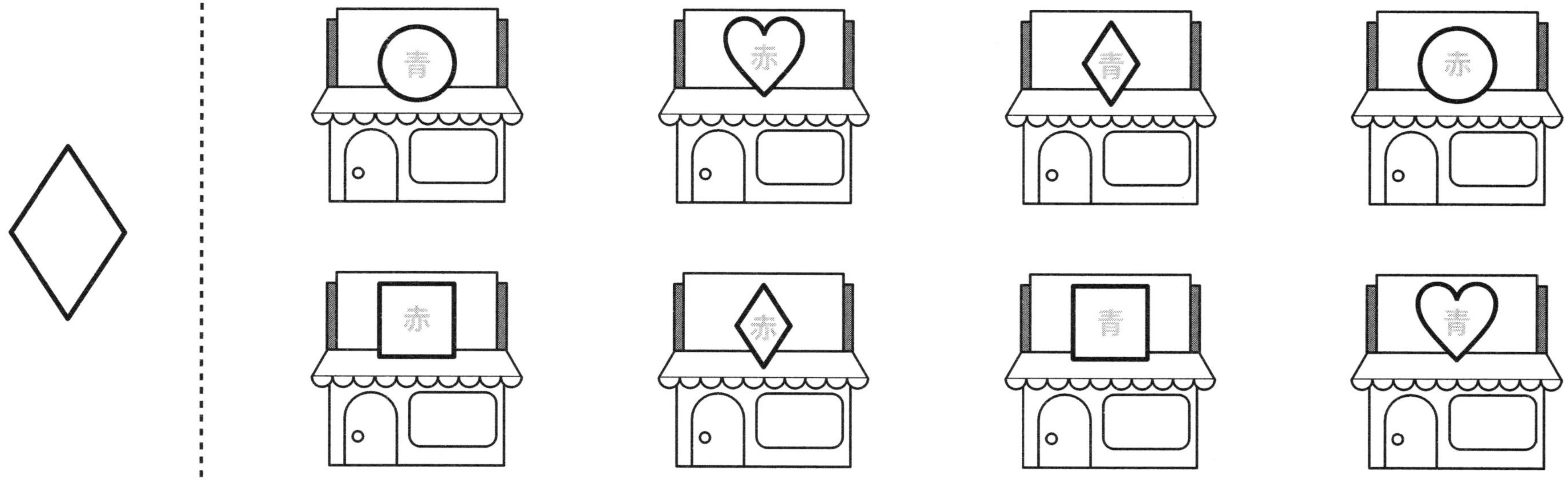

④

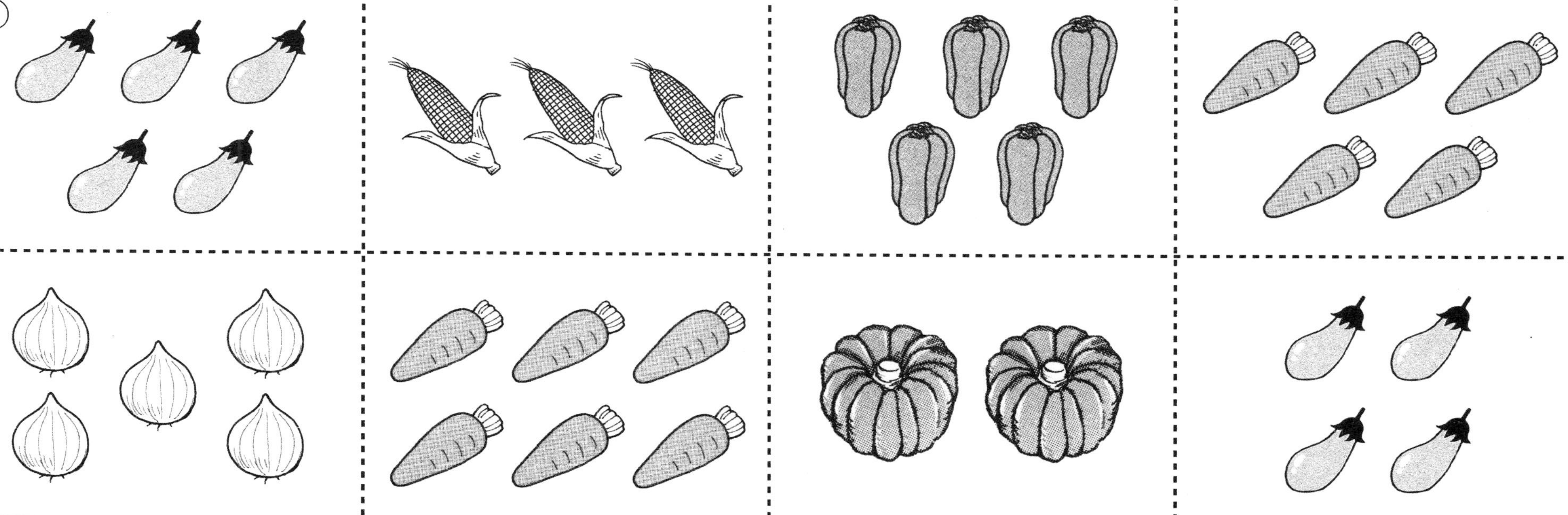

問題２１

問題22

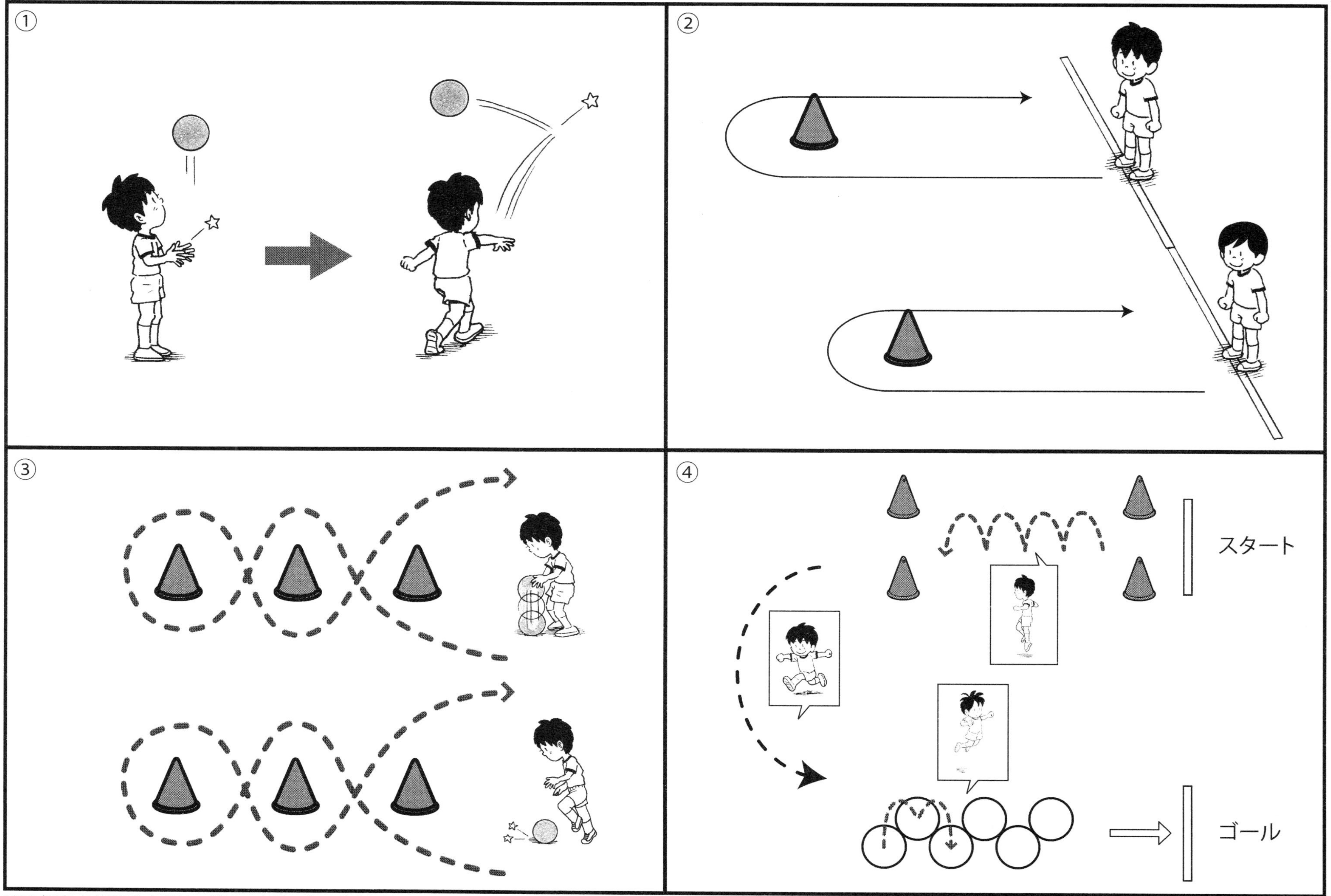

日本学習図書株式会社

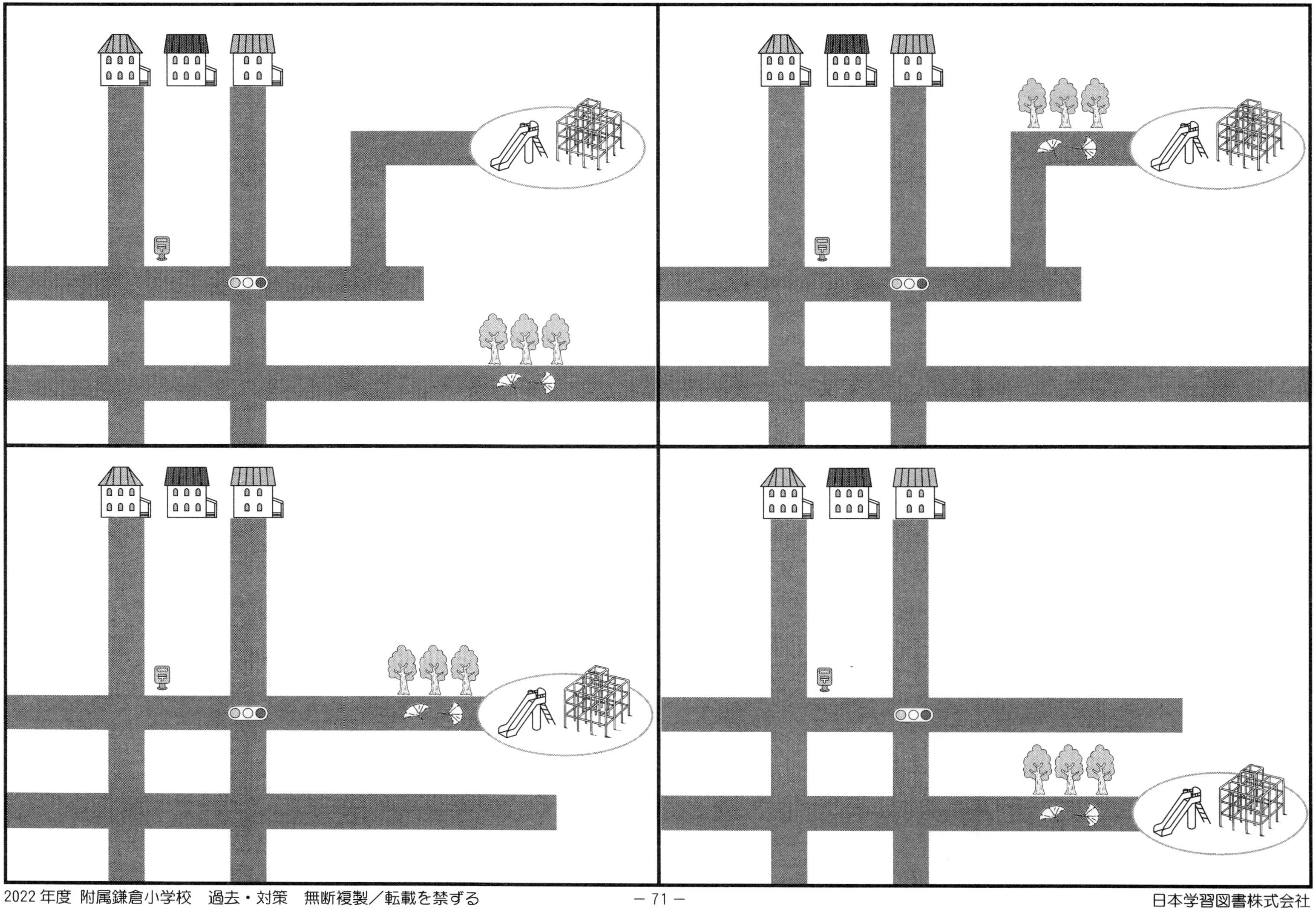

問題２３－２

③

④

問題24－1

問題24－2

問題24－3

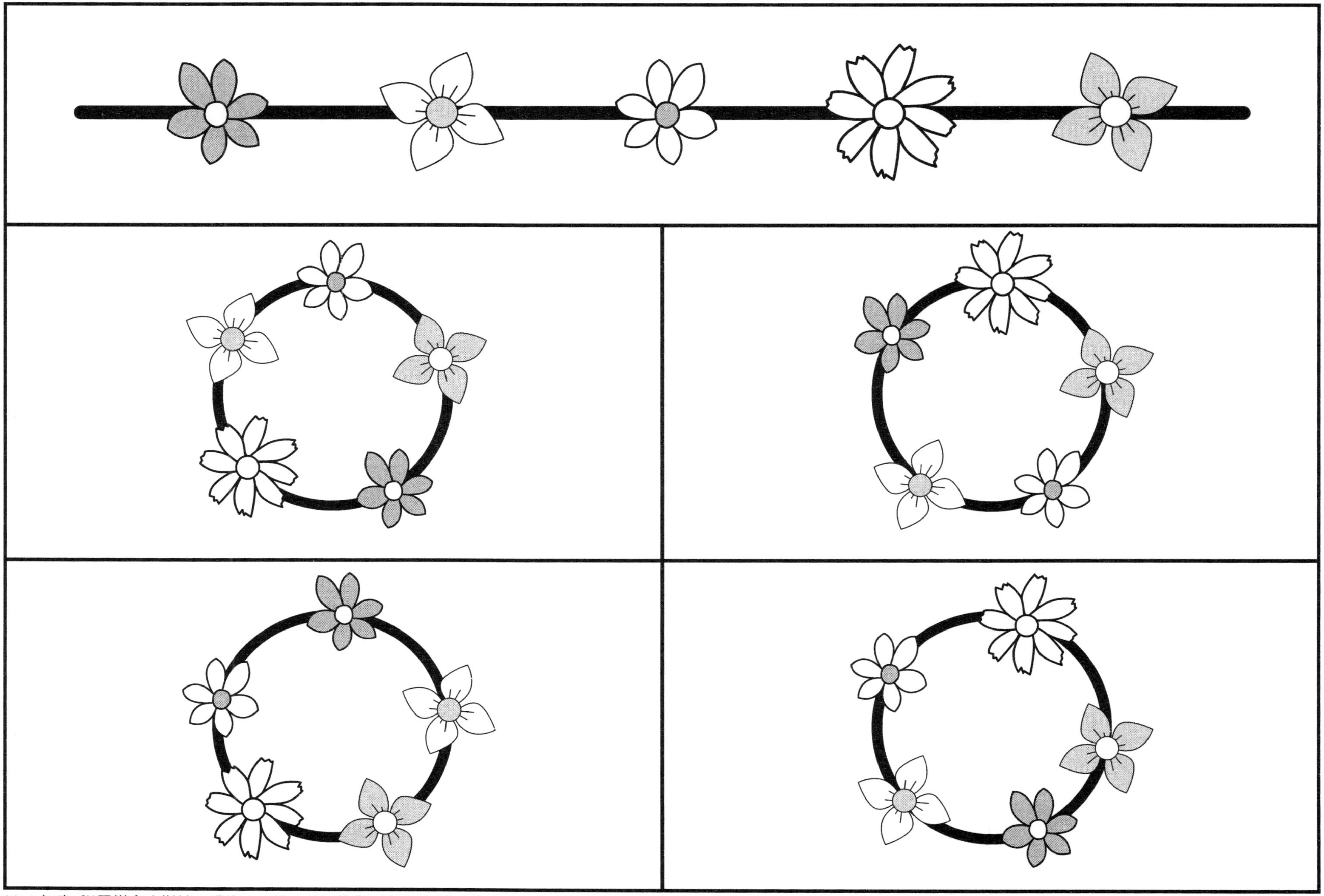

日本学習図書株式会社

2022 年度 附属鎌倉小学校 過去・対策 無断複製／転載を禁ずる 日本学習図書株式会社

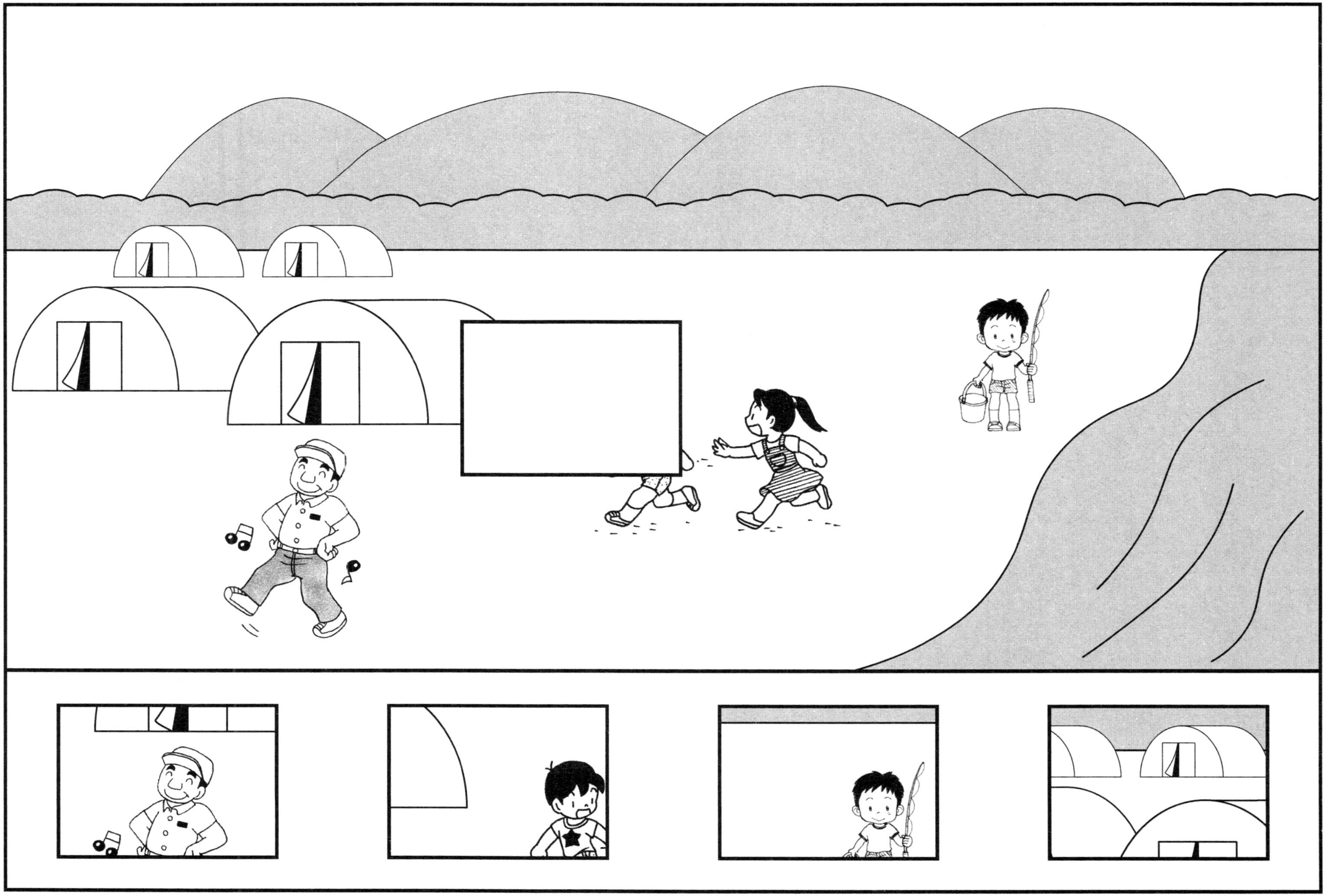

2022 年度 附属鎌倉小学校 過去・対策 無断複製／転載を禁ずる　　日本学習図書株式会社

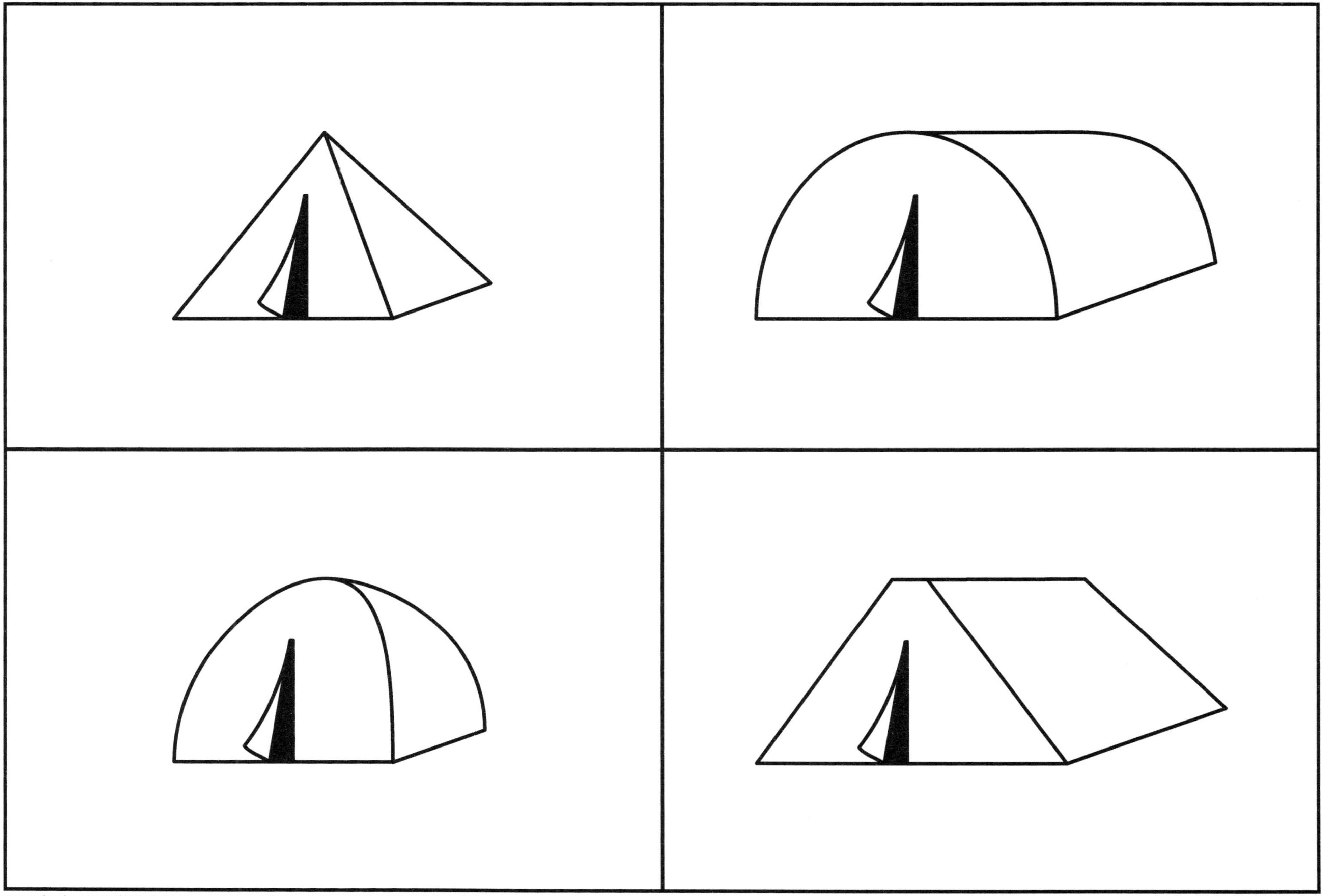

日本学習図書株式会社

2022年度 附属鎌倉小学校 過去・対策 無断複製／転載を禁ずる

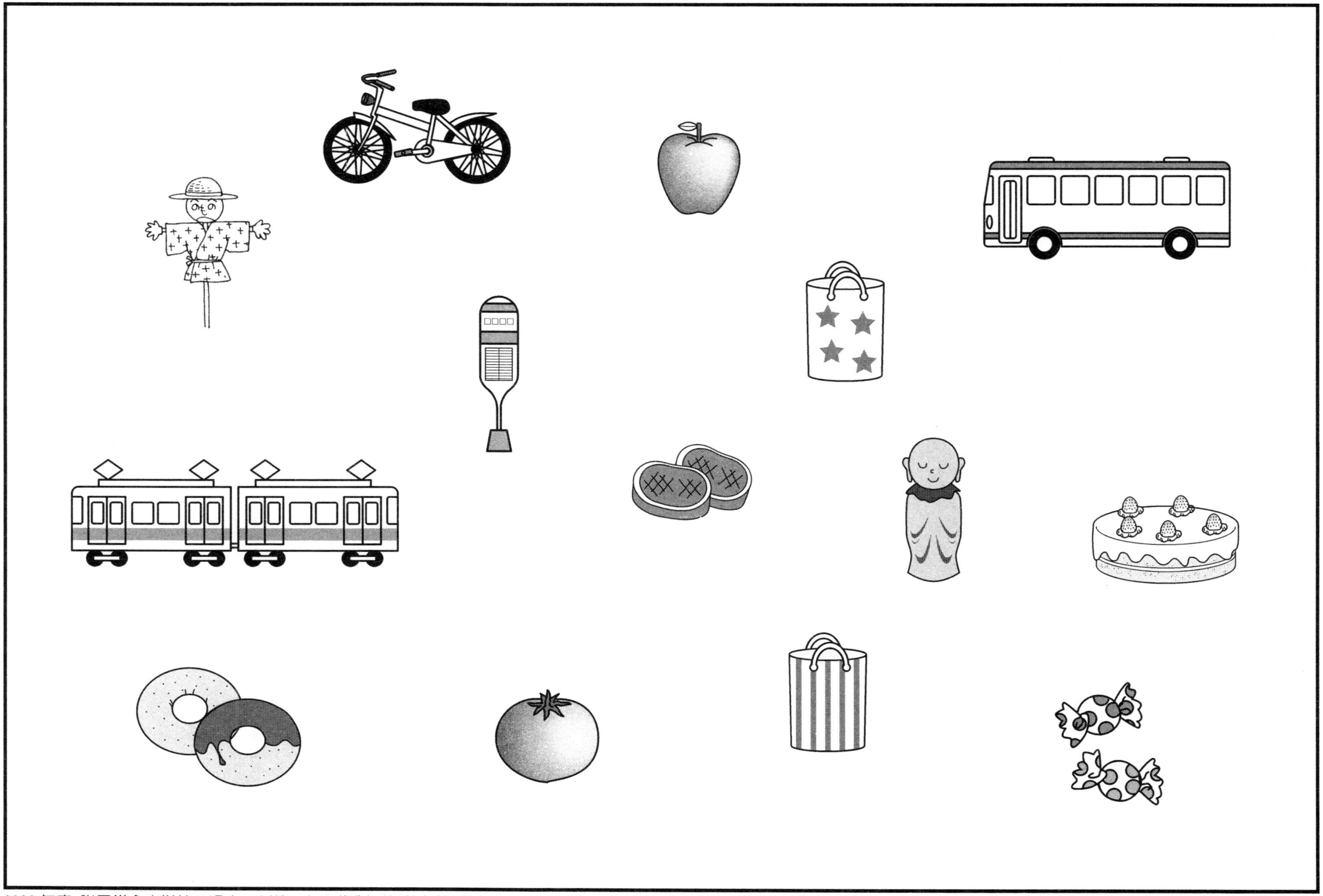

問題２６－１

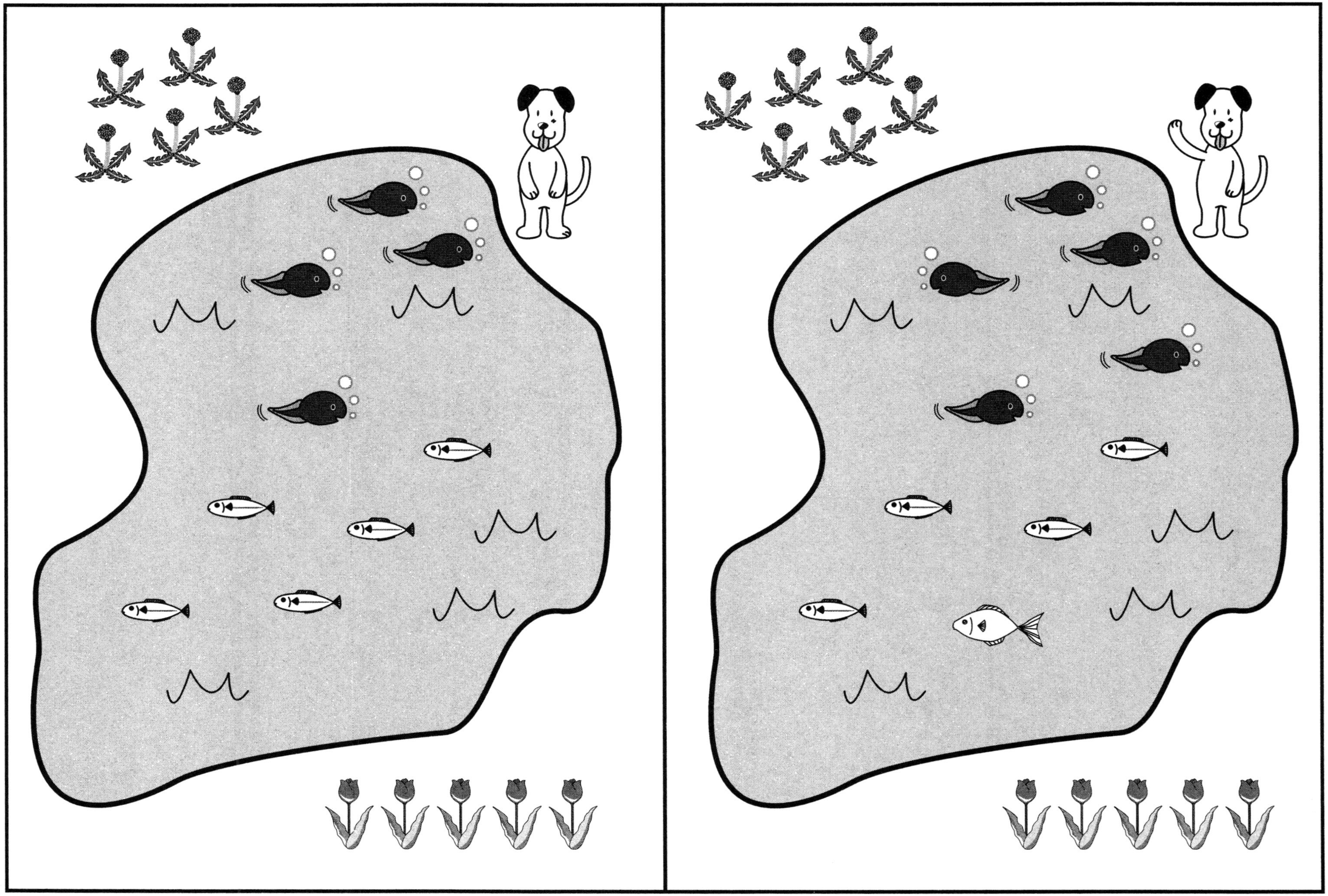

問題26－2

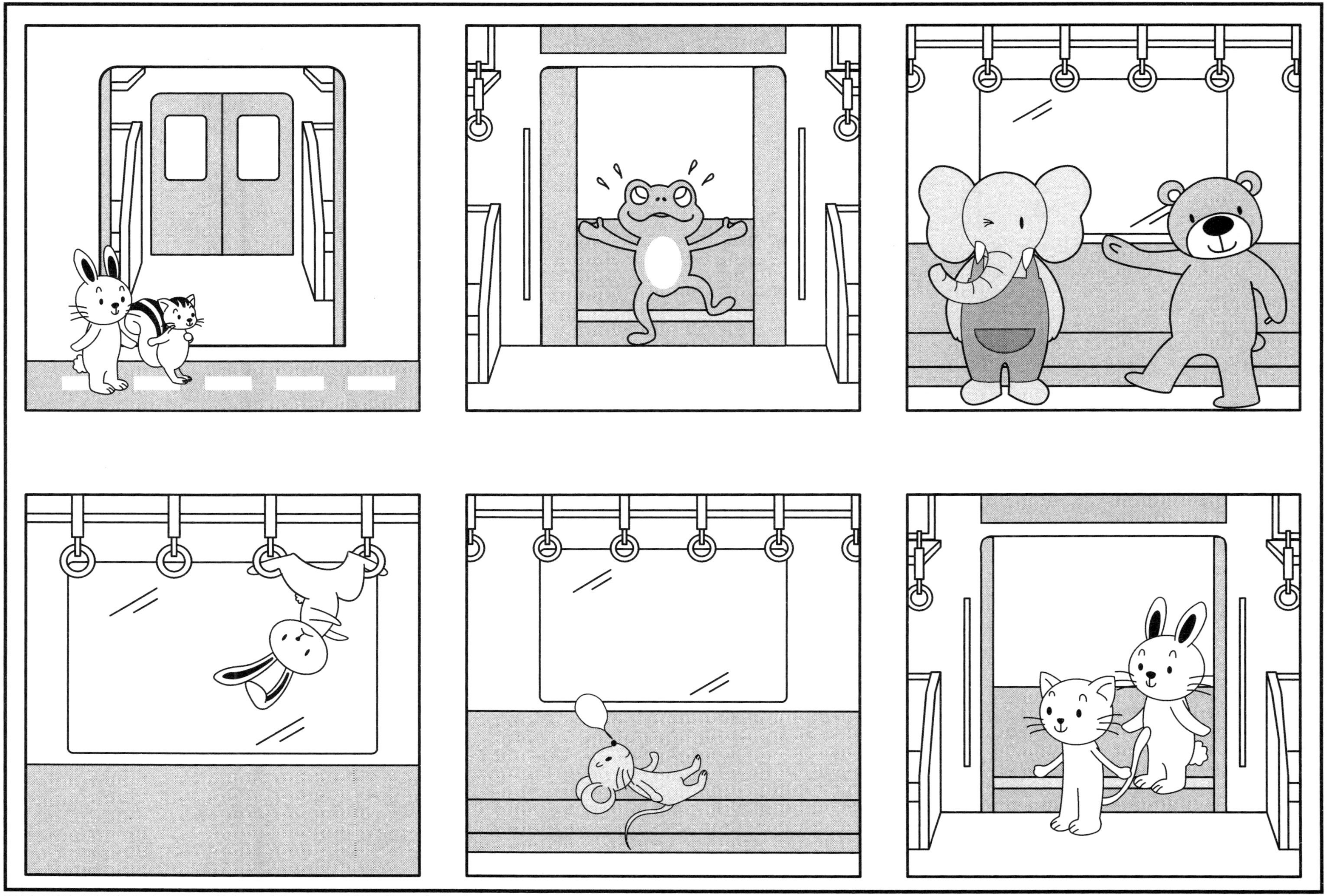

問題２６－３

問題26－4

問題２７－１

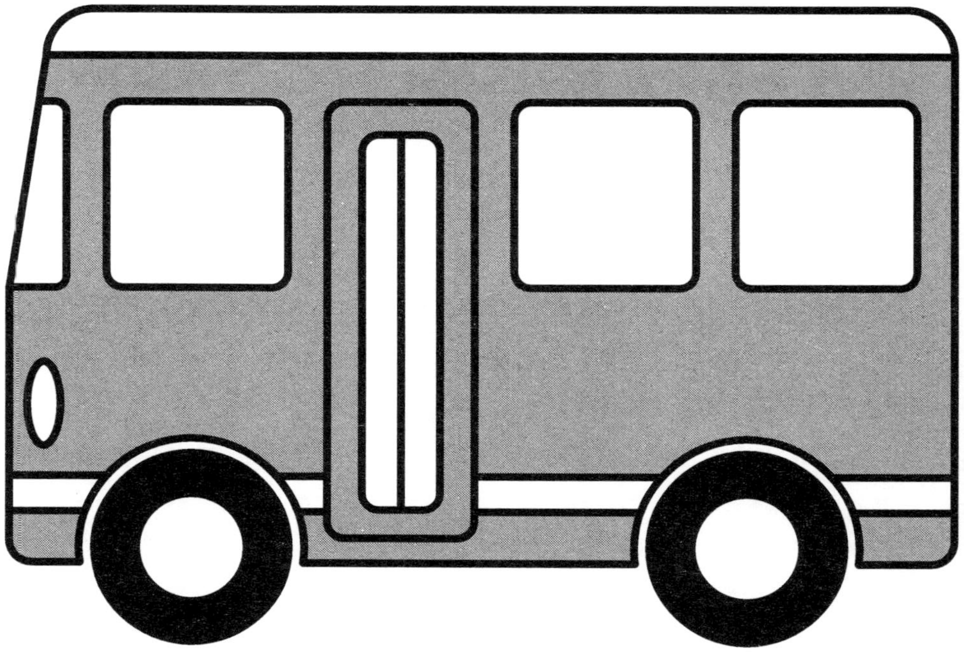

日本学習図書株式会社

2022 年度 附属鎌倉小学校 過去・対策 無断複製／転載を禁ずる

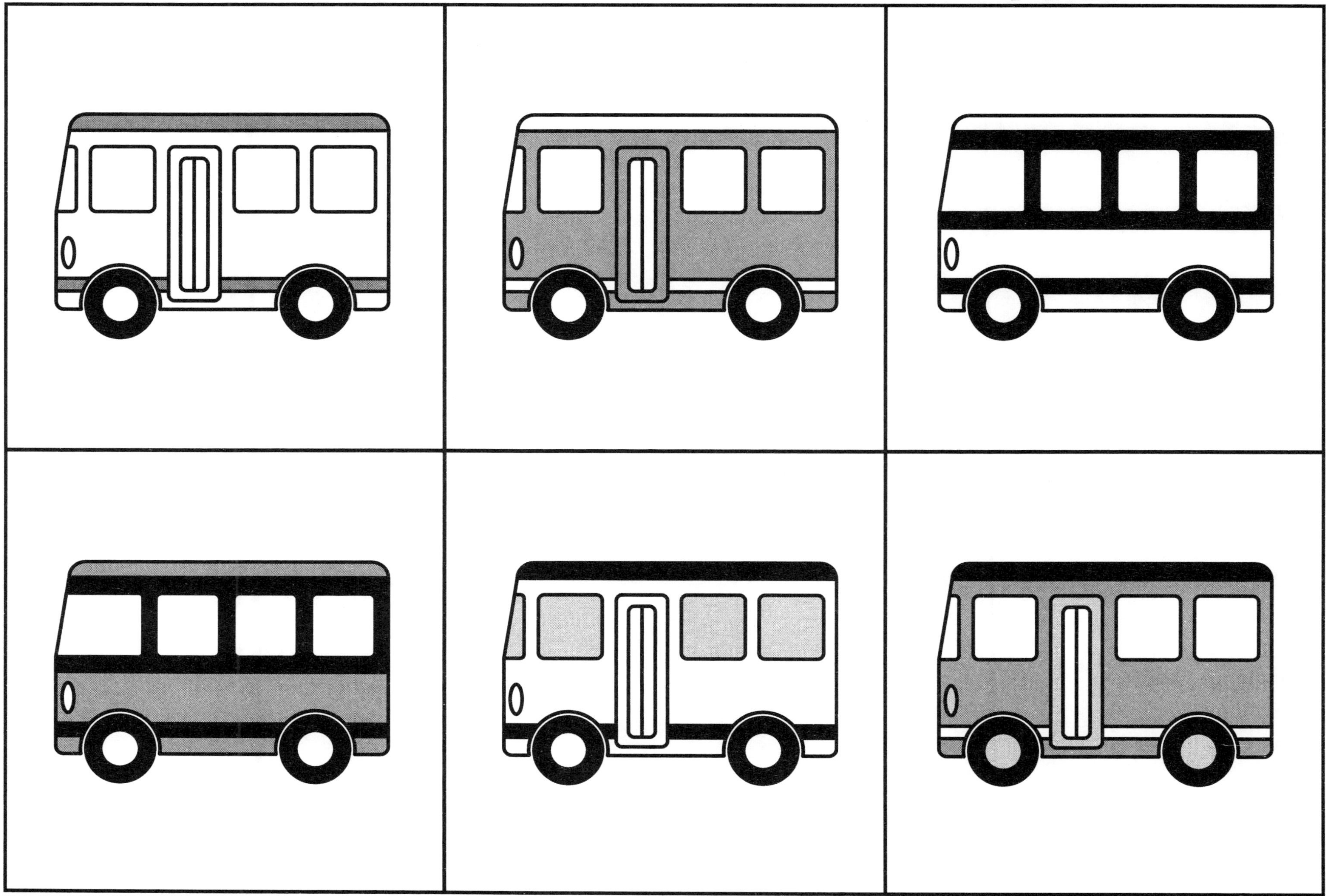

2022年度 附属鎌倉小学校 過去・対策 無断複製／転載を禁ずる 日本学習図書株式会社

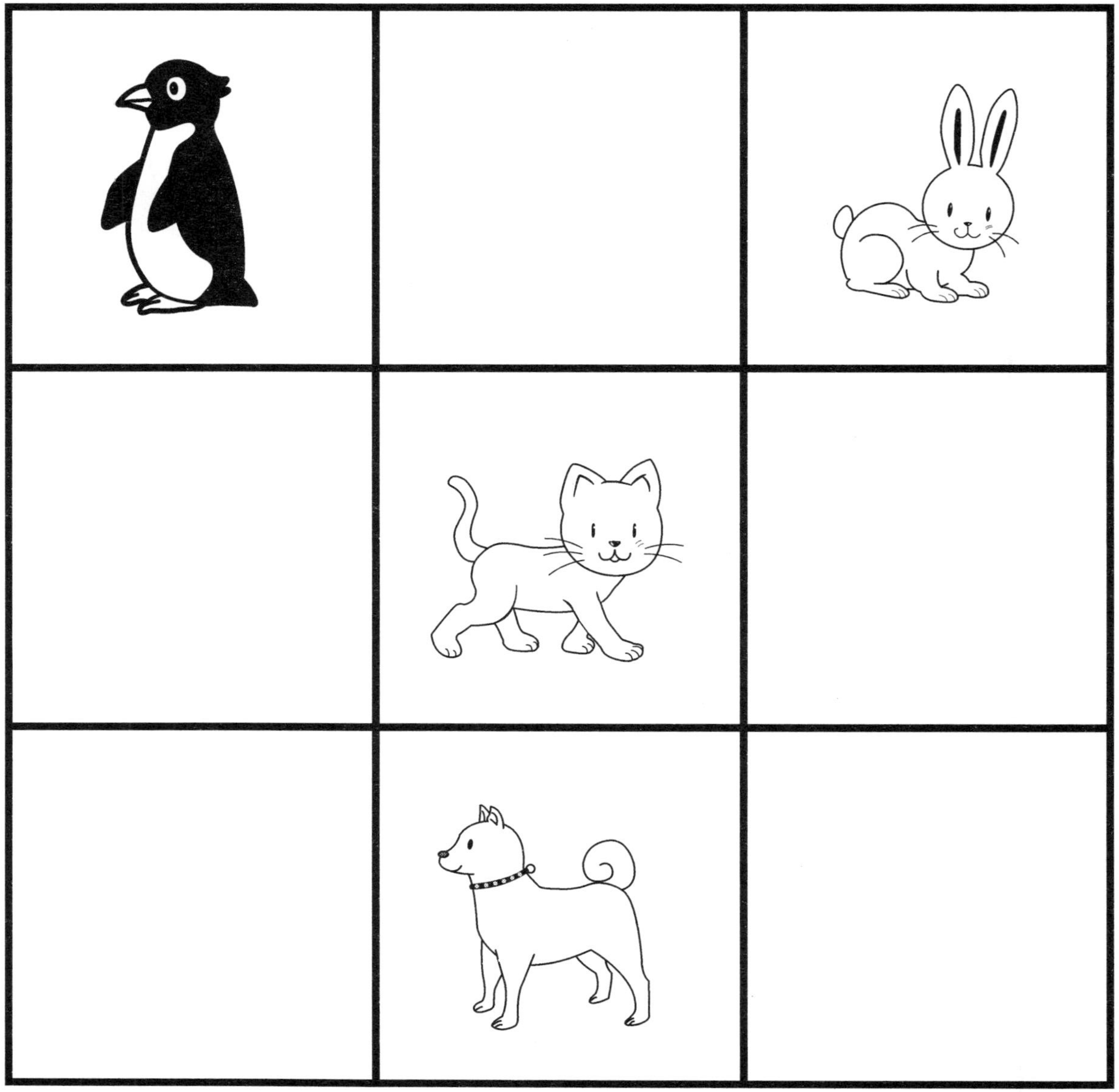

2022 年度 附属鎌倉小学校 過去・対策 無断複製／転載を禁ずる 日本学習図書株式会社

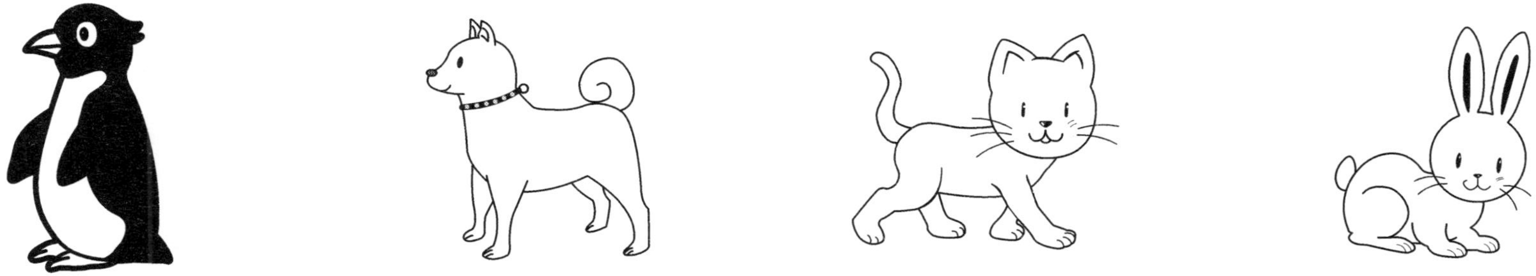

問題29－1

問題２９－２

2022 年度　附属鎌倉小学校　過去・対策　無断複製／転載を禁ずる

日本学習図書株式会社

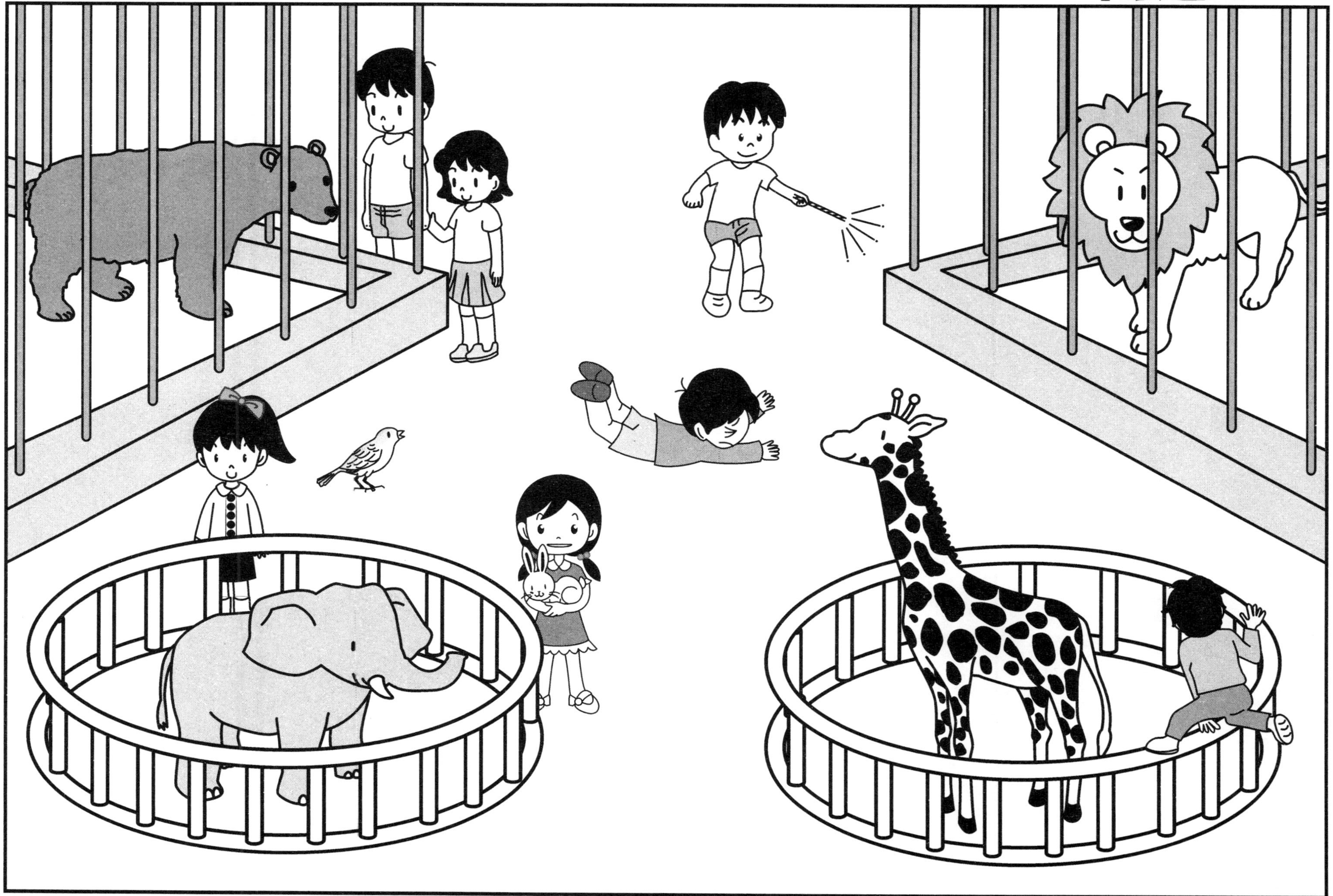

図書カード 1000 円分プレゼント

ご記入日 令和　年　月　日

☆国・私立小学校受験アンケート☆

※可能な範囲でご記入下さい。選択肢は○で囲んで下さい。

〈小学校名〉＿＿＿＿＿＿＿＿　〈お子さまの性別〉男・女　〈誕生月〉＿＿月

〈その他の受験校〉（複数回答可）＿＿＿＿＿＿＿＿

〈受験日〉①：＿月＿日〈時間〉＿時＿分～＿時＿分

②：＿月＿日〈時間〉＿時＿分～＿時＿分

〈受験者数〉男女計＿名（男子＿名　女子＿名）

〈お子さまの服装〉＿＿＿＿＿＿＿＿

〈入試全体の流れ〉（記入例）準備体操→行動観察→ペーパーテスト

＿＿＿＿＿＿＿＿

Eメールによる情報提供

日本学習図書では、Eメールでも入試情報を募集しております。

下記のアドレスに、アンケートの内容をご入力の上、メールをお送り下さい。

ojuken@nichigaku.jp

●行動観察　（例）好きなおもちゃで遊ぶ・グループで協力するゲームなど

〈実施日〉＿月＿日〈時間〉＿時＿分～＿時＿分〈着替え〉□有　□無

〈出題方法〉□肉声　□録音　□その他（　　　）〈お手本〉□有　□無

〈試験形態〉□個別　□集団（　人程度）

〈会場図〉

〈内容〉

□自由遊び

＿＿＿＿＿＿＿＿

□グループ活動

＿＿＿＿＿＿＿＿

□その他

＿＿＿＿＿＿＿＿

●運動テスト（有・無）　（例）跳び箱・チームでの競争など

〈実施日〉＿月＿日〈時間〉＿時＿分～＿時＿分〈着替え〉□有　□無

〈出題方法〉□肉声　□録音　□その他（　　　）〈お手本〉□有　□無

〈試験形態〉□個別　□集団（　人程度）

〈会場図〉

〈内容〉

□サーキット運動

□走り　□跳び箱　□平均台　□ゴム跳び

□マット運動　□ボール運動　□なわ跳び

□クマ歩き

□グループ活動＿＿＿＿＿＿＿＿

□その他＿＿＿＿＿＿＿＿

●知能テスト・口頭試問

〈実施日〉 ＿＿月＿＿日 〈時間〉 ＿＿時＿＿分 〜 ＿＿時＿＿分 〈お手本〉□有 □無

〈出題方法〉 □肉声 □録音 □その他（　　　　　） 〈問題数〉 ＿＿枚 ＿＿問

分野	方法	内　　　容	詳　細・イ　ラ　ス　ト
（例） お話の記憶	☑筆記 □口頭	動物たちが待ち合わせをする話	（あらすじ） 動物たちが待ち合わせをした。最初にウサギさんが来た。次にイヌくんが、その次にネコさんが来た。最後にタヌキくんが来た。 （問題・イラスト） ３番目に来た動物は誰か 
お話の記憶	□筆記 □口頭		（あらすじ） （問題・イラスト）
図形	□筆記 □口頭		
言語	□筆記 □口頭		
常識	□筆記 □口頭		
数量	□筆記 □口頭		
推理	□筆記 □口頭		
その他	□筆記 □口頭		

●制作　（例）ぬり絵・お絵かき・工作遊びなど

〈実施日〉　　月　　日　**〈時間〉**　　時　　分　〜　　時　　分

〈出題方法〉　□肉声　□録音　□その他（　　　　　）　**〈お手本〉**　□有　□無

〈試験形態〉　□個別　□集団（　　　人程度）

材料・道具	制作内容
□ハサミ □のり（□つぼ　□液体　□スティック） □セロハンテープ □鉛筆　□クレヨン（　色） □クーピーペン（　色） □サインペン（　色）□ □画用紙（□ A4　□ B4　□ A3 　　□その他：　　　　） □折り紙　□新聞紙　□粘土 □その他（　　　　　）	□切る　□貼る　□塗る　□ちぎる　□結ぶ　□描く　□その他（　　　　　） タイトル：＿＿＿＿＿＿＿＿

●面接

〈実施日〉　　月　　日　**〈時間〉**　　時　　分　〜　　時　　分　**〈面接担当者〉**＿＿名

〈試験形態〉　□志願者のみ（　　）名　□保護者のみ　□親子同時　□親子別々

〈質問内容〉

※試験会場の様子をご記入下さい。

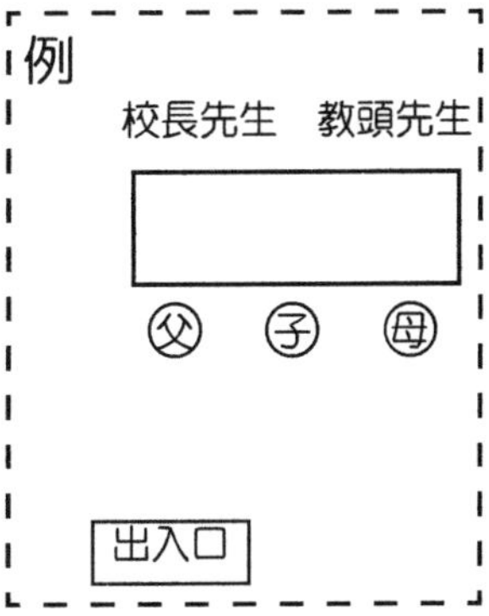

□志望動機　□お子さまの様子

□家庭の教育方針

□志望校についての知識・理解

□その他（　　　　　　　　）

（　詳　細　）

・

・

・

・

●保護者作文・アンケートの提出（有・無）

〈提出日〉　□面接直前　□出願時　□志願者考査中　□その他（　　　　　　　）

〈下書き〉　□有　□無

〈アンケート内容〉

（記入例）当校を志望した理由はなんですか（150 字）

●説明会（□有　□無）〈開催日〉　月　日〈時間〉　時　分　～　時　分

〈上履き〉　□要　□不要　〈願書配布〉　□有　□無　〈校舎見学〉　□有　□無

〈ご感想〉

●参加された学校行事（複数回答可）

公開授業〈開催日〉　月　日〈時間〉　時　分　～　時　分

運動会など〈開催日〉　月　日〈時間〉　時　分　～　時　分

学習発表会・音楽会など〈開催日〉　月　日〈時間〉　時　分　～　時　分

〈ご感想〉

※是非参加したほうがよいと感じた行事について

●受験を終えてのご感想、今後受験される方へのアドバイス

※対策学習（重点的に学習しておいた方がよい分野）、当日準備しておいたほうがよい物など

＊＊＊＊＊＊＊＊＊＊＊＊　ご記入ありがとうございました　＊＊＊＊＊＊＊＊＊＊＊＊

必要事項をご記入の上、ポストにご投函ください。

なお、本アンケートの送付期限は入試終了後３ヶ月とさせていただきます。また、入試に関する情報の記入量が当社の基準に満たない場合、謝礼の送付ができないことがございます。あらかじめご了承ください。

ご住所：〒

お名前：　　　　　　　　　メール：

TEL：　　　　　　　　　　FAX：

アンケートのご記入
ありがとうございました

ご記入頂いた個人に関する情報は、当社にて厳重に管理致します。弊社の個人情報取り扱いに関する詳細は、www.nichigaku.jp/policy.php の「個人情報の取り扱い」をご覧下さい。

分野別 小学入試練習帳 ジュニアウォッチャー

1．点・線図形	小学校入試で出題頻度の高い『点・線図形』の模写を、難易度の低いものから段階別に幅広く練習することができるように構成。
2．座標	図形の位置模写という作業を、難易度の低いものから段階別に練習できるように構成。
3．パズル	様々なパズルの問題を難易度の低いものから段階別に練習できるように構成。
4．同図形探し	小学校入試で出題頻度の高い、同図形選びの問題を繰り返し練習できるように構成。
5．回転・展開	図形などを回転、または展開したとき、形がどのように変化するかを学習し、理解を深められるように構成。
6．系列	数、図形などの様々な系列問題を、難易度の低いものから段階別に練習できるように構成。
7．迷路	迷路の問題を繰り返し練習できるように構成。
8．対称	対称に関する問題を４つのテーマに分類し、各テーマごとに問題を段階別に練習できるように構成。
9．合成	図形の合成に関する問題を、難易度の低いものから段階別に練習できるように構成。
10．四方からの観察	もの（立体）を様々な角度から見て、どのように見えるかを推理する問題を段階別に整理し、１つの形式で複数の問題を練習できるように構成。
11．いろいろな仲間	ものや動物、植物の共通点を見つけ、分類していく問題を中心に構成。
12．日常生活	日常生活における様々な問題を６つのテーマに分類し、各テーマごとに一つの問題形式で複数の問題を練習できるように構成。
13．時間の流れ	『時間』に着目し、様々なものごとは、時間が経過するとどのように変化するのかということを学習し、理解できるように構成。
14．数える	様々なものを『数える』ことから、数の多少の判定やかけ算、わり算の基礎までを練習できるように構成。
15．比較	比較に関する問題を５つのテーマ（数、高さ、長さ、量、重さ）に分類し、各テーマごとに問題を段階別に練習できるように構成。
16．積み木	数える対象を積み木に限定した問題集。
17．言葉の音遊び	言葉の音に関する問題を５つのテーマに分類し、各テーマごとに問題を段階別に練習できるように構成。
18．いろいろな言葉	表現力をより豊かにするいろいろな言葉として、擬態語や擬声語、同音異義語、反意語、数詞を取り上げた問題集。
19．お話の記憶	お話を聴いてその内容を記憶、理解し、設問に答える形式の問題集。
20．見る記憶・聴く記憶	「見て憶える」「聴いて憶える」という『記憶』分野に特化した問題集。
21．お話作り	いくつかの絵を元にしてお話を作る練習をして、想像力を養うことができるように構成。
22．想像画	描かれてある形や景色に好きな絵を描くことにより、想像力を養うことができるように構成。
23．切る・貼る・塗る	小学校入試で出題頻度の高い、はさみやのりなどを用いた巧緻性の問題を繰り返し練習できるように構成。
24・絵画	小学校入試で出題頻度の高い、お絵かきやぬり絵などクレヨンやクーピーペンを用いた巧緻性の問題を繰り返し練習できるように構成。
25．生活巧緻性	小学校入試で出題頻度の高い日常生活の様々な場面における巧緻性の問題集。
26．文字・数字	ひらがなの清音、濁音、拗音、拗長音、促音と１～20までの数字に焦点を絞り、練習できるように構成。
27．理科	小学校入試で出題頻度が高くなりつつある理科の問題を集めた問題集。
28．運動	出題頻度の高い運動問題を種目別に分けて構成。
29．行動観察	項目ごとに問題提起をし、「このような時はどうか、あるいはどう対処するのか」の観点から問いかける形式の問題集。
30．生活習慣	学校から家庭に提起された問題と思って、一問一問絵を見ながら話し合い、考える形式の問題集。

31．推理思考	数、量、言語、常識（含理科、一般）など、諸々のジャンルから問題を構成し、近年の小学校入試問題傾向に沿って構成。
32．ブラックボックス	箱や筒の中を通ると、どのようなお約束でどのように変化するかを推理・思考する問題集。
33．シーソー	重さの違うものをシーソーに乗せた時どちらに傾くのか、またどうすればシーソーは釣り合うのかを思考する基礎的な問題集。
34．季節	様々な行事や植物などを季節別に分類できるように知識をつける問題集。
35．重ね図形	小学校入試で頻繁に出題されている「図形を重ね合わせてできる形」についての問題を集めました。
36．同数発見	様々な物を数え「同じ数」を発見し、数の多少の判断や数の認識の基礎を学べるように構成した問題集。
37．選んで数える	数の学習の基本となる、いろいろなものの数を正しく数える学習を行う問題集。
38．たし算・ひき算1	数字を使わず、たし算とひき算の基礎を身につけるための問題集。
39．たし算・ひき算2	数字を使わず、たし算とひき算の基礎を身につけるための問題集。
40．数を分ける	数を等しく分ける問題です。等しく分けたときに余りが出るものもあります。
41．数の構成	ある数がどのような数で構成されているか学んでいきます。
42．一対多の対応	一対一の対応から、一対多の対応まで、かけ算の考え方の基礎学習を行います。
43．数のやりとり	あげたり、もらったり、数の変化をしっかりと学びます。
44．見えない数	指定された条件から数を導き出します。
45．図形分割	図形の分割に関する問題集。パズルや合成の分野にも通じる様々な問題を集めました。
46．回転図形	「回転図形」に関する問題集。やさしい問題から始め、いくつかの代表的なパターンから、段階を踏んで学習できるよう編集されています。
47．座標の移動	「マス目の指示通りに移動する問題」と「指示された数だけ移動する問題」を収録。
48．鏡図形	鏡で左右反転させた時の見え方を考えます。平面図形から立体図形、文字、絵まで。
49．しりとり	すべての学習の基礎となる「言葉」を学ぶこと、特に「語彙」を増やすことに重点をおき、さまざまなタイプの「しりとり」問題を集めました。
50．観覧車	観覧車やメリーゴーラウンドなどを舞台にした「回転系列」の問題集。「推理思考」分野の問題ですが、要素として「図形」や「数量」も含みます。
51．運筆①	鉛筆の持ち方を学び、点線なぞり、お手本を見ながらの模写で、線を引く練習をします。
52．運筆②	運筆①からさらに発展し、「欠所補完」や「迷路」などを楽しみながら、より複雑な鉛筆運びを習得することを目指します。
53．四方からの観察 積み木編	積み木を使用した「四方からの観察」に関する問題を練習できるように構成。
54．図形の構成	見本の図形がどのような部分によって形づくられているかを考えます。
55．理科②	理科的知識に関する問題を集中して練習する「常識」分野の問題集。
56．マナーとルール	道路や駅、公共の場でのマナー、安全や衛生に関する常識を学べるように構成。
57．置き換え	さまざまな具体的・抽象的事象を記号で表す「置き換え」の問題を扱います。
58．比較②	長さ・高さ・体積・数などを数学的な知識を使わず、論理的に推測する「比較」の問題を練習できるように構成。
59．欠所補完	線と線のつながり、欠けた絵に当てはまるものなどを求める「欠所補完」に取り組める問題集です。
60．言葉の音（おん）	しりとり、決まった順番の音をつなげるなど、「言葉の音」に関する問題に取り組める練習問題集です。

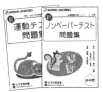

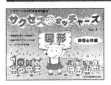

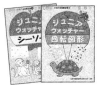

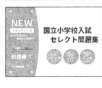

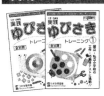

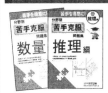

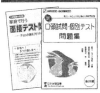

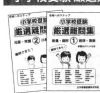

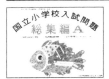

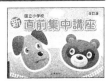

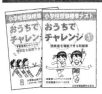

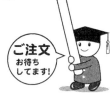

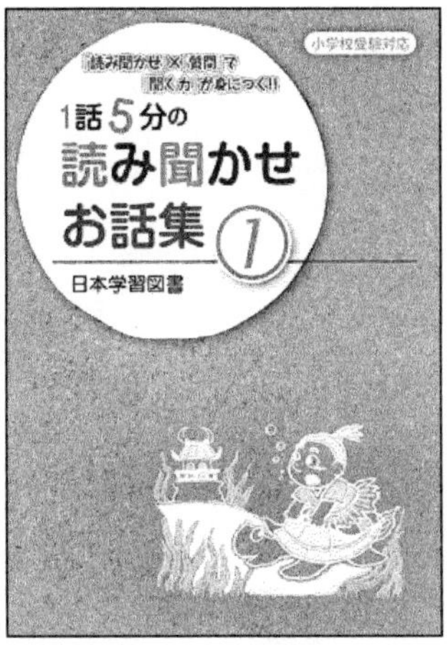

『読み聞かせ』×『質問』=『聞く力』

お話の記憶の練習に最適

1話5分の 読み聞かせお話集①②

「アラビアン・ナイト」「アンデルセン童話」「イソップ寓話」「グリム童話」、日本や各国の民話、昔話、偉人伝の中から、教育的な物語や、過去に小学校入試でも出題された有名なお話を中心に掲載。お話ごとに、内容に関連したお子さまへの質問も掲載しています。「読み聞かせ」を通して、お子さまの『聞く力』を伸ばすことを目指します。

①巻・②巻　各48話

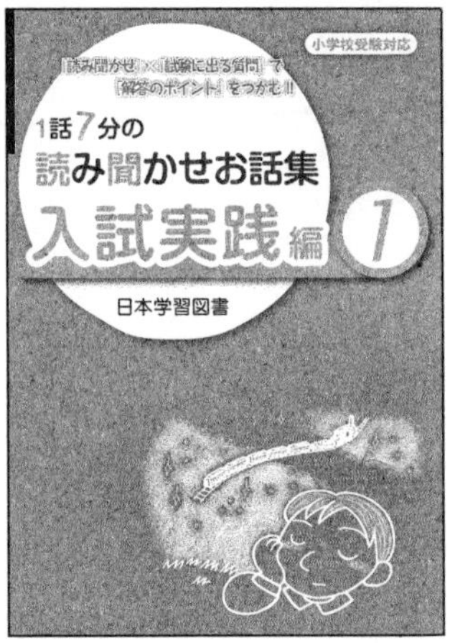

国立・私立小学校受験対応

1話7分の読み聞かせお話集 入試実践編①

最長1,700文字の長文のお話を掲載。有名でない=「聞いたことのない」お話を聞くことで、『集中力』のアップを目指します。設問も、実際の試験を意識した設問としています。ペーパーテスト実施校の多くが「お話の記憶」の問題を出題します。毎日の「読み聞かせ」と「試験に出る質問」で、「解答のポイント」をつかんで臨みましょう!

50話収録

ニチガクの この5冊で受験準備も万全!

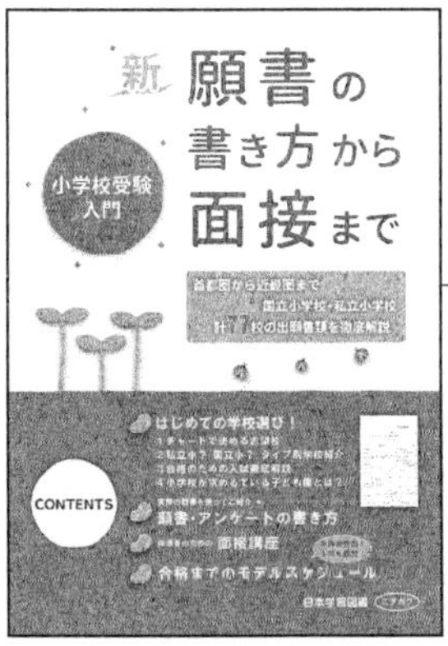

小学校受験入門 願書の書き方から面接まで リニューアル版

主要私立・国立小学校の願書・面接内容を中心に、学校選びや入試の分野傾向、服装コーディネート、持ち物リストなども網羅し、受験準備全体をサポートします。

小学校受験で 知っておくべき 125のこと

小学校受験の基本から怪しい「ウワサ」まで、保護者の方々からの125の質問にていねいに解答。目からウロコのお受験本。

新　小学校受験の 入試面接Q&A リニューアル版

過去十数年に遡り、面接での質問内容を網羅。小学校別、父親・母親・志願者別、さらに学校のこと・志望動機・お子さまについてなど分野ごとに模範解答例やアドバイスを掲載。

新　願書・アンケート 文例集500 リニューアル版

有名私立小、難関国立小の願書やアンケートに記入するための適切な文例を、質問の項目別に収録。合格を掴むためのヒントが満載!願書を書く前に、ぜひ一度お読みください。

小学校受験に関する 保護者の悩みQ&A

保護者の方約1,000人に、学習・生活・躾に関する悩みや問題を取材。その中から厳選した200例以上の悩みに、「ふだんの生活」と「入試直前」のアドバイス2本立てで悩みを解決。

日本学習図書株式会社

家庭学習をトータルサポート！ ニチガクのオリジナル 効果的 学習法

1 まずは アドバイスページを読む！

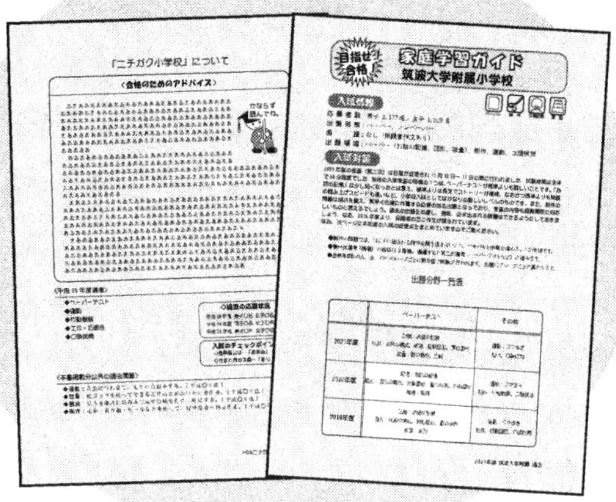

ピンク色です

対策や試験ポイントがぎっしりつまった「家庭学習ガイド」。分野アイコンで、試験の傾向をおさえよう！

過去問のこだわり

最新問題は問題ページ、イラストページ、解答・解説ページが独立しており、お子さまにすぐに取り掛かっていただける作りになっています。
ニチガクの学校別問題集ならではの、学習法を含めたアドバイスを利用して効率のよい家庭学習を進めてください。

2 問題をすべて読み、出題傾向を把握する

3 「学習のポイント」で学校側の観点や問題の解説を熟読

4 はじめて過去問題にチャレンジ！

各問題のジャンル

問題7 分野：図形（図形の構成） Aグループ男子

〈解答〉 下図参照

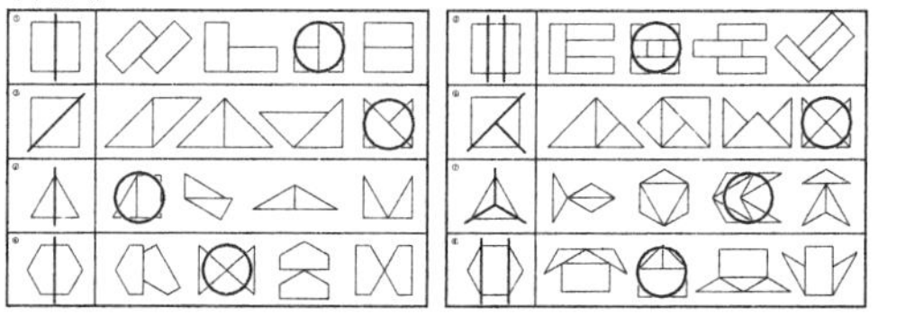

図形の構成の問題です。解答時間が圧倒的に短いので、直感的に答えないと全問答えることはできないでしょう。例年ほど難しい問題ではないので、ある程度準備をしたお子さまなら可能のはずです。注意すべきなのはケアレスミスで、「できないものはどれですか」と聞かれているのに、できるものに○をしたりしてはおしまいです。こういった問題では基礎とも言える問題なので、もしわからなかった場合は基礎問題を分野別の問題集などでおさらいしておきましょう。

【おすすめ問題集】
★筑波大附属小学校図形攻略問題集①②★（書店では販売しておりません）
Jr・ウォッチャー9「合成」、54「図形の構成」

5 プラスα 対策問題集や類題で力を付ける

学習のポイント

各問題の解説や学校の観点、指導のポイントなどを教えます。
今日から保護者の方が家庭学習の先生に！

おすすめ対策問題集

分野ごとに対策問題集をご紹介。苦手分野の克服に最適です！
＊専用注文書付き。

2022年度版 横浜国立大学教育学部附属鎌倉小学校
過去・対策問題集

発行日 2021年7月19日
発行所 〒162-0821 東京都新宿区津久戸町 3-11-9F
日本学習図書株式会社
電 話 03-5261-8951 ㈹

詳細は http://www.nichigaku.jp 日本学習図書 検索

ISBN978-4-7761-5375-7
C6037 ¥2000E
9784776153757
定価 2,200 円
(本体 2,000 円 + 税 10%)
1926037020004